빛깔있는 책들 103-40

마곡사

글/조명화, 김봉건, 이은희 ● 사진/박보하

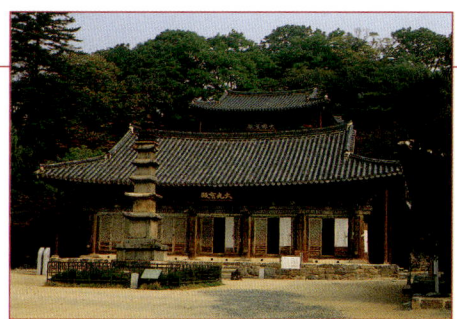

대원사

연혁 - 조명화 ─────
서울대학교에서 중문학 박사학위
를 받았다. 현재 서원대학교 교수
로 재직하고 있으며 간송미술관
연구위원이다. 저서로는 『돈황강
창문학의 연구』가 있고 「중국불
교와 전기문학」「중국불교의 송
찬문학」「범패와 전독」 등의 논문
이 있다.

건축 - 김봉건 ─────
서울대학교 건축학과를 졸업하고
동대학원에서 박사학위를 받았으
며 런던대학교 도시계획학과를
졸업하였다. 현재 국립문화재연구
소 미술공예연구실장으로 재직중
이다. 「전통중층목조건축에 관한
연구」「닫집에 관한 연구」「한국
의 전통유교건축」「조선초기 다
포집에 관한 연구」 등의 논문이
있고 『한국의 고건축 : 10 - 19호』
『불교상식백과』『건축학전서2 -
한국건축사』 등의 저서가 있다.

유물 - 이은희 ─────
성균관대학교와 홍익대학교 대학
원을 졸업하고 동국대학교 미술
사학과 박사과정을 수료하였다.
현재 국립문화재연구소 미술공예
연구실에 근무하고 있다. 주요 논
문으로「고려 충렬왕대의 사경연
구」「고려사경 변상도에 나타난
신장상 연구」「운흥사와 화사 의
겸에 관한 고찰」「조선후기 미륵
보살도 연구」 등이 있다.

사진 - 박보하 ─────
경남 거창에서 태어났으며 네 번
의 개인전과 다수의 단체전을 가
졌다. 1993년 『월간 사진예술』에
서 주최하는 올해의 사진가상을
수상하였고 1994년에는 코리아헤
럴드에서 발행한 『Korean Culture』
의 사진 촬영으로 한국일보에서
주관하는 한국출판문화상 사진예
술상을 수상하였다. 한국의 전통
문화를 주제로 한 사진들을 주로
촬영하고 있다.

마곡사

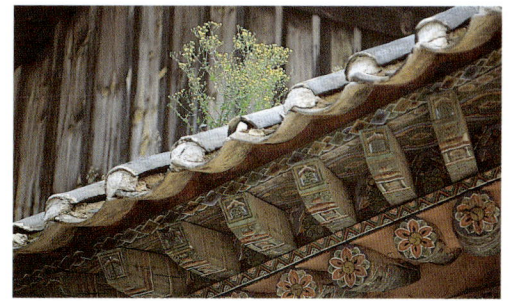

마곡사

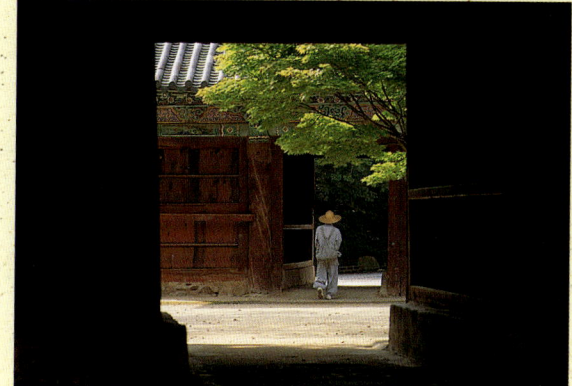

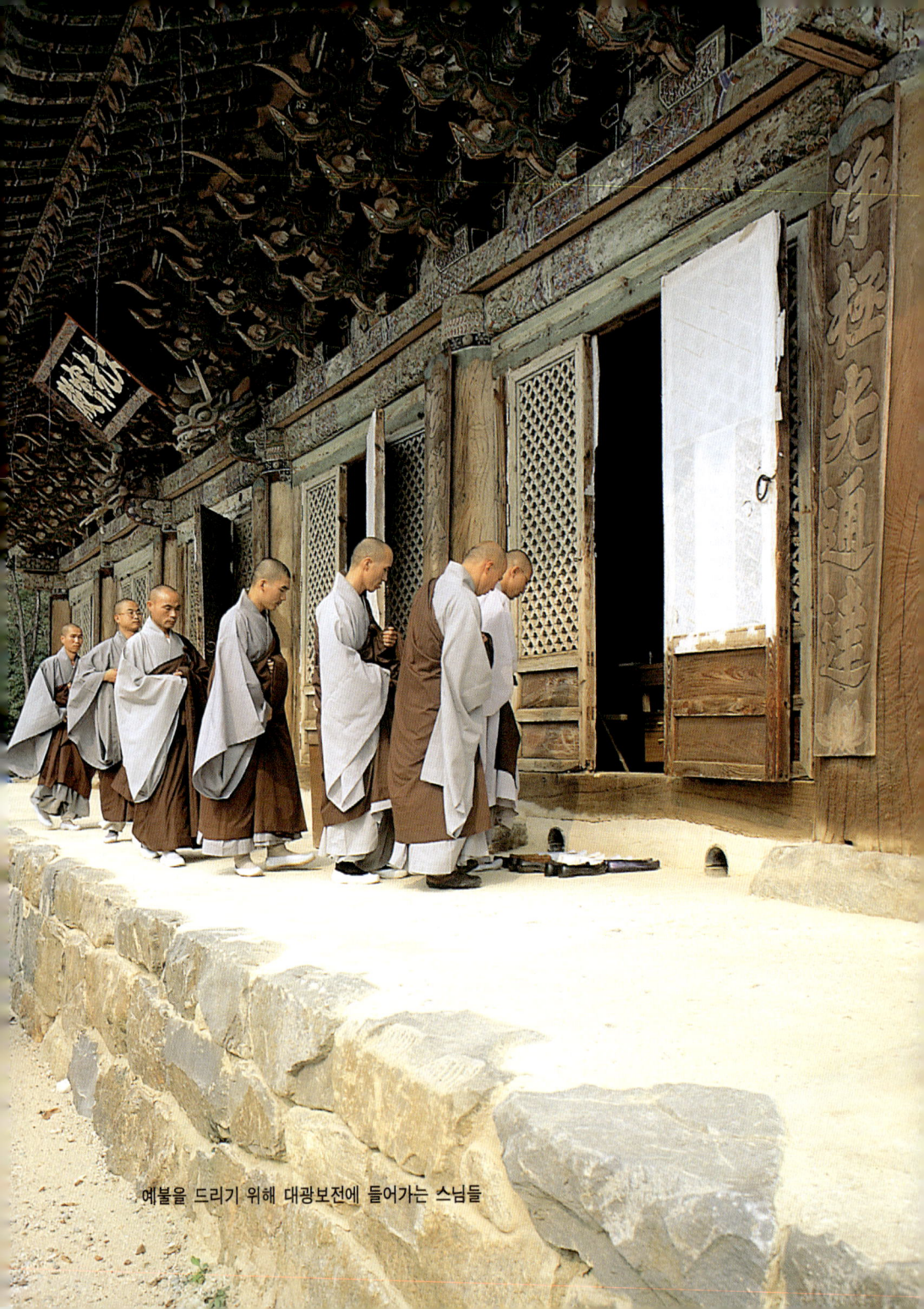

예불을 드리기 위해 대광보전에 들어가는 스님들

봄의 사찰, 마곡사

    충청남도 공주시 무성산에는 유서 깊은 고찰 마곡사(麻谷寺)가 자리하고 있다. 예로부터 길지(吉地)로 이름났던 마곡사 터는 기근이나 병란의 염려가 없는 십승지(十勝地) 가운데 하나였다. 또 '춘마곡추갑사(春麻谷秋甲寺)'라 일컬을 정도로 경관이 뛰어나 많은 시인 묵객들의 찬탄을 받은 곳이었다.

    마곡사의 역사는 신라시대부터 시작된다. 자장 율사(慈藏律師, 590∼658년경)가 창건하였다는 설화를 간직하고 있으나 신라의 보조 체징(普照體澄, 804∼880년) 선사가 창건한 것으로 추정된다. 보조 체징은 신라 구산선문[九山禪門, 통일신라부터 고려 초에 이르기까지 유명한 승려들이 중국에서 선법(禪法)을 이어 와 종풍(宗風)을 일으킨 9개의 선문] 가운데 가지산문(迦智山門)의 개창조로 알려져 있다. 그 이후 통효 범일(通曉梵日, 810∼889년), 도선(道詵, 827∼898년), 각순(覺淳) 등이 중창을 계속하여 오늘에 이르고 있다.

    또한 마곡사는 매우 독특한 가람 배치를 이루고 있다. 사역 가운데를 가로지르는 개울을 중심으로 두 개의 영역으로 구성되는데 영산전(靈山殿)을 중심으로 한 남원은 수행 영역이고 대광보전(大光寶殿)을 중심으로 한 북원은 교화 영역이다. 대광보전의 중정(中庭)에는 고려 말 원나라 라마 양식을 따라 청동으로 만든 상륜부(相輪部)를 가진 5층석탑이 놓여 있는데 국내에서는 보기 드문 매우 독특한 탑이다.

사찰의 주불전인 대광보전에는 비로자나불(毘盧舍那佛)이 봉안되어 있다. 일반적으로 불상이 건물 전면을 향하도록 봉안되는 것과는 달리 대광보전의 불상은 측면을 향하고 있어 동쪽을 바라보도록 봉안되었다. 이런 모습은 영주 부석사 무량수전과 영광 불갑사 등지에서도 찾아볼 수 있다. 대광보전 뒤편 언덕에는 중층 건물인 대웅보전(大雄寶殿)이 놓여 있어 대광보전과 대웅보전이 서로 중첩되며 수평성과 수직성이 상호 대비되는 독특한 공간 효과를 연출하고 있다. 또 고려시대 만들어진 것으로 추정되는 나무로 만든 불상 7구가 영산전에 남아 있어 마곡사를 목불의 보고(寶庫)라 부르기도 한다.

남방 화소(南方畵所)로 알려진 마곡사는 수많은 화승을 대대로 배출하던 곳이기도 하다. 이런 전통을 보여 주듯 불당에는 화불 대신에 뛰어난 필치로 그린 산수화가 가득 베풀어져 있다. 그 백미는 본존불 뒤편에 있는 수월백의관음보살도(水月白衣觀音菩薩圖)이다. 그 밖에도 세조의 친필로 알려진 영산전 현판과 당시 시문서화 사절(四絶)로 꼽히던 표암(豹菴) 강세황(姜世晃, 1712~1791년)이 쓴 대광보전 현판, 정조 연간에 청백한 관리로 알려진 송하(松下) 조윤형(曹允亨, 1725~1799년)이 쓴 심검당(尋劍堂) 현판 등 명필들의 흔적이 아직도 살아 꿈틀거리는 고풍스런 절이다.

마곡사의 연혁

    조계종의 충남 지역 본사인 마곡사의 규모와 전통은 여느 절 못지않게 자랑할 만하다. 우리나라 사찰의 대부분은 잦은 병화를 거치면서 흥망을 반복하기 일쑤인지라 그 절의 창건부터 현재까지의 내력이 소상히 적힌 사적기(寺蹟記)를 보유하고 있는 경우가 매우 드물다. 사찰이한 번 소실되면 사적기도 함께 없어지기 때문에 사찰을 복원할 때 사적기를 새로 만드는 것이 상례였다. 이때 기억에만 의지하여 사적기를 작성하거나 역사에 밝지 못한 이가 작성하면 앞뒤 이야기가 달라지는 등많은 오류가 생기게 마련이다. 망실된 지 얼마 되지 않아 이전에 주석(駐錫, 승려가 포교를 위하여 어떤 지역에 한때 머무르는 일)하였던 이가다시 작성한다면 좀 덜하겠지만 힘에 부쳐 복원에 수십 년이 걸리거나아니면 아예 폐사가 되었다가 한참 뒤에 다른 사람이 새로 복원하는 경우에는 이전의 역사가 곧잘 설화로 대체되곤 하였다.

    마곡사도 예외가 아니어서 현재 남아 있는 사적기는 조선 철종 2년(1851)에 작성된 「태화산마곡사사적입안(泰華山麻谷寺事蹟立案)」뿐이다. 이 기록을 보면 효종 원년(1650)에 각순이 크게 중창한 이후부터마곡사에 큰 불이 났던 정조 6년(1782)까지의 기록은 비교적 신빙성이

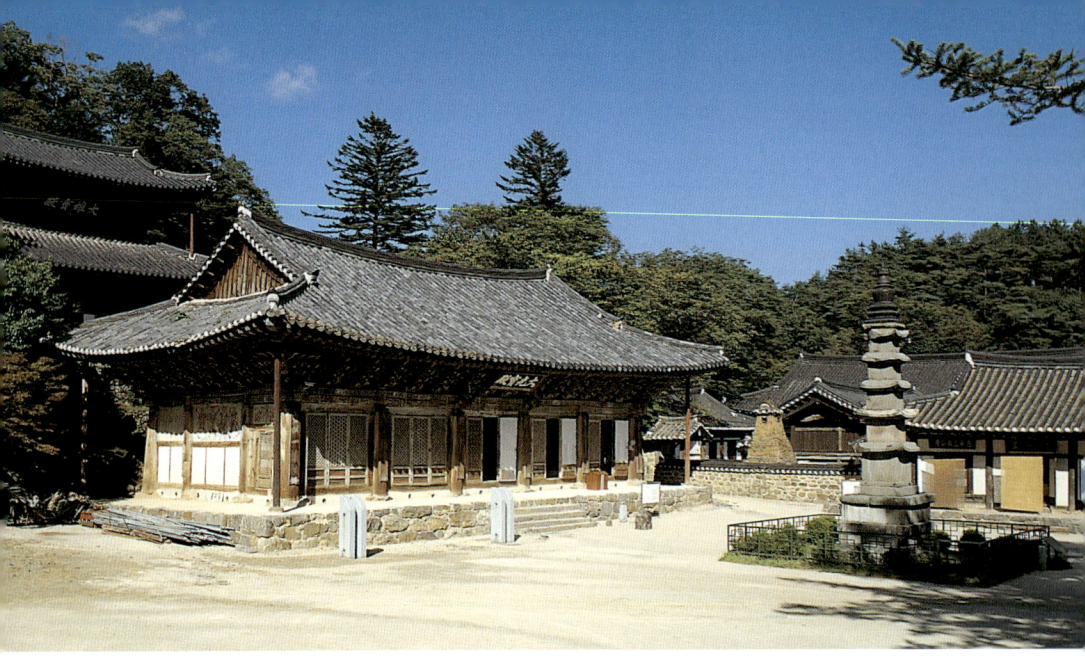

대광보전 일곽 자장 율사가 신라시대에 창건하였다는 설화를 간직하고 있는 마곡사의 규모와 전통은 여느 절 못지않게 자랑할 만하다.

있지만 효종 이전의 사적은 거의 설화에 불과한 내용뿐이고 그나마도 조리에 맞지 않은 점이 많다. 하지만 1782년 이후의 중창 내력은 비교적 정확하고 자세하다. 그리고 이보다 더 오래된 기록이 없기 때문에 마곡사의 정확한 연혁을 살피려면 「사적입안」을 바탕으로 추론해 나가는 도리밖에 없다.

이 밖에 마곡사에 관한 현존 자료로는 1843년에 경월 쾌수(鏡月快守)가 작성한 「태화산마곡사천불전중수문(泰華山麻谷寺千佛殿重修文)」과 1862년에 경월 포련(鏡月抱蓮)이 지은 「마곡사삼국사영당중건조연문(麻谷寺三國師影堂重建助緣文)」이 있다. 또 1868년에 작성된 「태화산마곡사국사당현판조성기(泰華山麻谷寺國師堂懸板造成記)」와 1890년에 작성된 「태화산마곡사대광보전불량계현판서문(泰華山麻谷寺大光寶殿佛糧稧懸板序文)」, 1909년에 작성된 「공주군태화산마곡사심검당공료번와기(公州郡泰華山麻谷寺尋劍堂公寮飜瓦記)」, 1910년에 작성된 「태화산마곡사천왕문중수기(泰華山麻谷寺天王門重修記)」 등이 절에 전하고 있다.

또 권상로(權相老, 1897~1965년)가 편찬한 『한국사찰전서(韓國寺刹全書)』에도 마곡사에 관한 몇 줄의 기록이 있는데 이는 『공주읍지(公州邑誌)』와 『동국여지승람(東國輿地勝覽)』의 기록을 옮긴 것이며 「사적입안」에 모두 담겨 있는 매우 짧은 내용이어서 따로 검토해 볼 가치는 없다.

그러면 「사적입안」의 내용을 중심으로 마곡사의 창건과 절 이름의 유래, 그리고 각순의 대중창 이전과 이후로 시기를 구분하여 마곡사의 사적을 기술하고자 한다.

창건과 절 이름의 유래

마곡사의 정확한 역사는 1650년에 각순이 공주목사 유곡(楡谷) 이태연(李泰淵, 1615~1669년)의 힘을 빌려 절을 크게 일으킨 때부터 시작하며 그 이전의 역사는 상당한 허구와 전설로 메워져 있다. 1782년에 이르러 1,050여 칸이 다 타버리는 큰 화재를 만나지만 3년 만에 중창을 시작하고 그 이후 지금까지 커다란 변동없이 사세를 키워 온 듯하다.

한편 1851년에 만들어진 「사적입안」의 후기에 「순치입안(順治立案)」의 내용을 말하는 대목이 있는데 각순이 중창할 무렵에도 이 절의 역사를 기록한 사적기를 만든 것으로 보인다. 순치 연간은 1644~1661년이므로 이때 만들어진 「사적입안」이 1782년의 큰 화재 속에서도 소실되지 않고 남아 있었던 모양이다.

자장 창건의 설화
「사적입안」에는 마곡사의 창건주가 자장 율사로 되어 있다. 자장이

당에서 돌아온 다음 7대 가람을 창건하였는데 마곡사가 그 세 번째라고 한다.

태화산(泰華山)의 임해룡자좌(壬亥龍子坐) 무득갑파지국(戊得甲破之局)에 자리잡은 마곡사 터는 동방 제일의 복지(福地)이다. 당나라 정관(貞觀) 17년(643), 곧 신라 선덕여왕 9년(정관 17년은 선덕여왕 12년이니 3년의 착오가 있다)에 자장 율사가 중국으로 들어가(자장이 당에 들어간 해는 정관 10년이고 선덕여왕이 당 태종에게 자장의 귀국을 청하여 당 태종이 자장을 귀국토록 한 해가 정관 17년이다) 당 태종을 뵈니 태종은 제자의 예로써 율사에게 국통(國統)의 호를 내렸다.

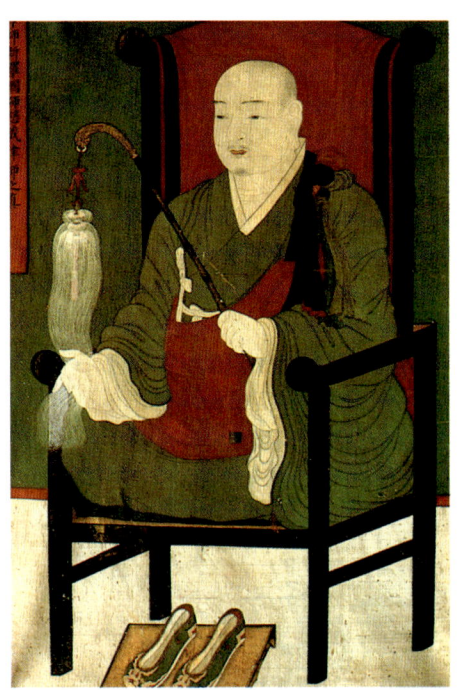

자장 율사가 귀국하자 선덕여왕이 그 소식을 듣고 자장을 국통으로 봉하니, 이는 법과(法果) 사문을 안성후(安城侯)에 봉하고 불공(不空) 법사를 숙국공(肅國公)에 봉했던 일과 마찬가지이다.

전(田) 200결을 내리니 동쪽으로 기름재에서 서쪽으로 구재까지였다.

자장 율사의 영정 「사적입안」에 따르면 자장 율사가 당에서 돌아와 창건한 7대 가람 가운데 세 번째 절이 마곡사라고 한다. 통도사 소장.

하지만 자장 율사를 창건주로 한 이 내용은 근거가 없는 이야기이다. 일연(一然)의 『삼국유사(三國遺事)』와 도선(道宣)의 『속고승전(續高僧傳)』에는 자장이 십여 군데에 절을 창건하였다고 되어 있지만 「사적입안」에는 7대 가람을 창건하였다고 바뀌어 있다. 『삼국유사』에서 자장이 창건하였다는 기록이 확실한 절은 출가 전 자신의 집이었던 원녕사(元寧寺)와 강릉의 수다사(水多寺), 그리고 지금의 정암사(淨岩寺)가 있는 태백산 갈반지(葛蟠地)에 지은 석남원(石南院) 뿐이다.

자장보다 후대의 인물인 의상 대사(義相大師, 625~702년)의 전기에도 의상이 열 군데에 사찰을 세웠다고 기록되어 있지만 부석사를 제외한 나머지는 의상이 세웠다고 믿기 어려운 형편이다. 실제로 자장이나 의상과 같은 스님들이 여러 절을 창건하였을 수도 있지만 이러한 사실은 후세 사람들이 의상이나 자장과 같은 인물에 절의 권위를 가탁(假託)하기 위하여 꾸민 이야기로 보는 것이 더 타당하다. 계룡산의 갑사도 창건주를 자장으로 내세우고 있고 바로 산 너머 이웃에 있는 광덕사 또한 진산 화상(珍山和尙)이 자장에게 전해 받은 불사리를 모시고 난 뒤 도량을 창건하였다고 전하는 것을 보면 서로 인접해 있는 마곡사와 갑사, 그리고 광덕사 사이에 어떤 관계가 있었으리라 짐작된다.

또한 「사적입안」에는 선덕여왕이 마곡사에 전 200결을 내렸는데 동쪽 기름재에서 서쪽 구재까지가 바로 그때부터의 마곡사 땅이라고 되어 있다. 그러나 이 내용 역시 각순이 대중창을 하면서 예전의 토지를 회복하고자 근거를 찾던 가운데 만들어진 것으로 여겨진다.

그리고 자장이 창건한 7대 가람 가운데 다섯 군데의 탑은 모두 돌로 만들었지만 덕산의 가야사와 마곡사의 탑만은 상륜부의 장식을 순금으로 꾸몄고 사각의 모서리에 있는 풍경도 순금으로 장식하여 더욱 아름다웠다는 기록도 있다. 가야사는 흥선대원군이 발복(發福)을 위하여 그 자리에 아버지 남연군의 묘를 쓰려고 태운 절이다.

그런데 마곡사나 가야사의 탑처럼 복발(覆鉢, 탑의 노반 위에 바리때를 엎어 놓은 것처럼 생긴 부분)부터 상륜부를 금속으로 올리는 일은 나옹 화상(懶翁和尚, 1320~1376년)이 활약하던 고려 말에 원나라 라마교의 영향을 받은 결과이지 신라 때 가능한 일이 아니다. 그러므로 마곡사의 탑을 자장의 창건과 연결하는 것도 전혀 이치에 맞지 않는다. 다만 가야사 석탑의 상륜부가 지금의 마곡사 탑처럼 청동으로 되었던 것은 사실이라고 전한다.

'마곡'의 유래

마곡이라는 이름의 유래를 「사적입안」에서 살펴보면 보철 화상(寶徹和尚)이 법을 얻어 오자 사람들이 삼〔麻〕처럼 많이 모여들었기 때문이라 하였다. 또 사방에서 이 절로 법을 물으러 오거나 아름다운 경치를 즐기러 오는 사람들이 골짜기를 가득 메웠는데 그 모습이 마치 삼이 서 있는 것 같아서 마곡이라 하였다고 한다.

그런데 우리나라 승려 가운데 보철이란 이름은 없다. 아마도 중국 조계 혜능(慧能, 638~713년)의 증손제자인 마곡 보철을 일컫는 것일 터인데 중국 사람인 그가 우리나라에 왔다는 기록은 없다. 충청남도 보령의 성주사에 신라 구산선문의 하나인 성주산문(聖住山門)을 창시한 낭혜 무염(朗慧無染, 800~888년) 선사가 마곡 보철의 법을 이어 오기는 하지만 그와 마곡사를 연결할 근거 또한 찾을 수 없다.

『한국사찰전서』에는 무염이 마곡으로부터 법을 이어 왔기 때문에 마곡이란 이름이 붙었다고 설명하고 있지만 이는 「사적입안」의 이야기가 너무 조리가 없기 때문에 마곡 보철의 제자인 무염을 첨가한 것으로 보이며 현존하는 사료에서 무염과 마곡사의 관계를 나타내는 기록은 전혀 없다.

한편 충청도 내포 지역에서는 청양의 장곡사(長谷寺)와 공주의 마곡사 그리고 지금은 없어진 예산의 안곡사(安谷寺)를 '삼곡사(三谷寺)' 라고 불렀다 한다. 지금도 시골에서 골짜기를 '골절' 이라고 하는 것을 보면 '긴골절' 이나 '삼골절' 이라는 우리말이 '장곡사' 나 '마곡사' 라는 한자어로 바뀐 것이 아닌가 한다. 한자어로 바뀐 이름이 마곡이다 보니 중국의 마곡 보철이 연상되게 마련이고 그러다 보니 자연 창건주를 마곡 보철과 연관시키는 이야기가 성립되지 않았나 추측될 따름이다.

절 이름의 유래에 관한 여러 이야기들은 마곡사의 창건이 자장과는 아무런 관계가 없다는 또 하나의 증거이기도 하다. 자장이 창건하였다면 창건 당시의 절 이름이 있었을 터인데 자장보다 후대 사람인 마곡 보철이나 낭혜 무염을 절 이름과 연관시켜 이야기가 만들어지니 말이다. 결국 현재로서는 언제 누구에 의해 마곡사가 창건되었는지는 분명하지 않다.

각순이 대중창을 하기까지

1650년에 각순이 폐사된 절을 중창하기 전까지 마곡사의 역사는 분명한 것이 하나도 없다. 하지만 「사적입안」의 단편적인 기록들을 통해 당시의 역사를 재구성해 보면 다음과 같다.

보조, 범일, 도선과 마곡사의 관계
「사적입안」에는 "초창(初創)이 자장이요, 재조(再造)는 보조이며, 삼건(三建)은 범일이요, 사수(四修)는 도선이며, 오성(五成)이 각순이다"라는 표현이 있다. 비록 자장이 창건하였다는 전설은 신빙성이 없지만 신라의 보조 체징과 통효 범일 그리고 도선 스님과 마곡사와는 어떤 관계가 있었으리라 추정된다.

「사적입안」을 보면 고려 명종 때 불일 보조(佛日普照, 1158~1210년)가 제자 수우(守愚)와 함께 마곡사를 중창하였다고 한다. 그런데 범일이나 도선보다 시대가 앞서는 보조는 고려의 불일 보조가 아니라 신라의 보조 체징이어야 앞뒤가 맞다.

보조 체징은 스승인 명적(明寂) 도의 선사(道義禪師)의 법통을 이어가지산문을 창시하고 일세를 드날리다 880년에 입적하였고, 범일은 사굴산문(闍崛山門)을 새로 개창하여 종풍을 날리다 889년에 입적하였다. 이 두 산문은 구산선문 가운데 가장 활발한 산문이었다. 도선은 문파를 따지자면 동리산문(桐裡山門)이지만 풍수지리설의 비조(鼻祖)이며 898년에 입적하였다. 이 세 선사들이 마곡사와 인연을 맺었다면 공주 출신으로 마곡사와 가까운 서산 보원사에서 수계(受戒)한 보조 체징을 중심으로 인연을 맺었을 것이다. 또한 범일이 마곡사와 이웃한 부여 무량사를 창건하였다고도 하니 이 세 선사가 모두 부근의 역사 깊은 절들과 인연이 많았음을 짐작할 수 있다.

그렇다면 마곡사는 신라 때의 가지산문과 사굴산문이 함께 연관된 선종사찰(禪宗寺刹)이 아니었을까 추정할 수도 있다. 그러나 이것은 어디까지나 보조와 범일, 도선이 마곡사와 인연을 맺었음을 전제로 한 추정이다.

각순이 마곡사를 중창할 무렵인 효종 때는 우리나라가 조계선종으로 단일화되어 선종의 계보를 중요시하던 상황이었다. 따라서 각순이 황폐하여 역사조차 모르게 된 이 절의 격을 높이기 위하여 구산선문의 개창자들을 중창주로 모셔 놓았을 가능성도 있다. 어쨌든 마곡사에서는 지금까지도 국사당(國師堂)에 이 세 스님의 영정을 모시고 있다.

고려시대의 마곡사

고려시대 마곡사의 모습을 추측할 수 있는 대표적인 유물로 대광보전 앞에 있는 5층석탑이 있다.

이 5층석탑은 고려 말에 라마교의 영향을 받아 건립되었으며 상륜부의 금동 때문에 사람들이 흔히 금탑이라고 한다. 이중의 높은 사각 기단 위에 올려진 탑신과 지붕돌은 낮은 체감률 때문에 멋없이 기다랗게 보이지만 상륜부를 장식하는 청동제의 둥근 복발은 다른 곳에서는 찾아볼 수 없는 양식이다. 가야사에도 이와 같은 금탑이 있었지만 흥선대원군이 파괴하여 없앴으니 이제는 마곡사 탑이 유일한 셈이다.

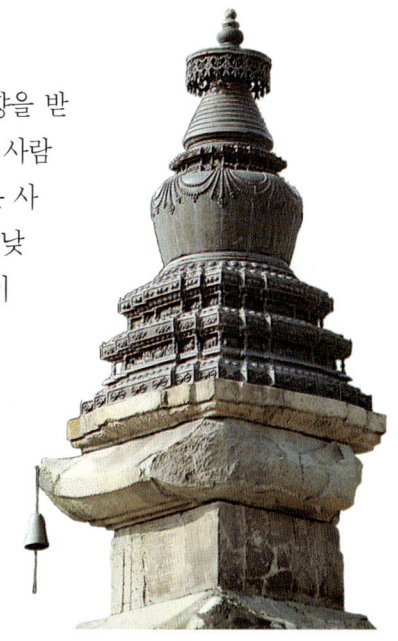

5층석탑의 상륜부 청동으로 만든 둥근 복발의 독특한 양식은 고려 말 원나라 라마교의 영향을 받은 것이다.

대광보전의 본존불을 통해서도 고려시대의 모습을 유추할 수 있는데 종래에는 이 불상이 조선시대에 만들어진 것으로 추정되었다. 하지만 고려시대 불상의 상호(相好)와 비슷할 뿐만 아니라 상당한 수작(秀作)이어서 고려의 국력이 가장 왕성하였던 12세기를 대표하는 불상으로 필자는 파악한다.

좀더 확실한 연구가 이루어져야 하겠지만 만약 대광보전의 불상이 고려시대의 불상이라면 이 절이 고려시대에 융성하였다는 것을 나타내는 또 다른 증거가 된다.

길지로 이름난 마곡사 터

마곡사가 자리한 곳은 예로부터 길지로 이름난 곳이다. 그래서인지 「사적입안」에는 보조와 도선 그리고 조선 명종 때의 학자인 남사고(南

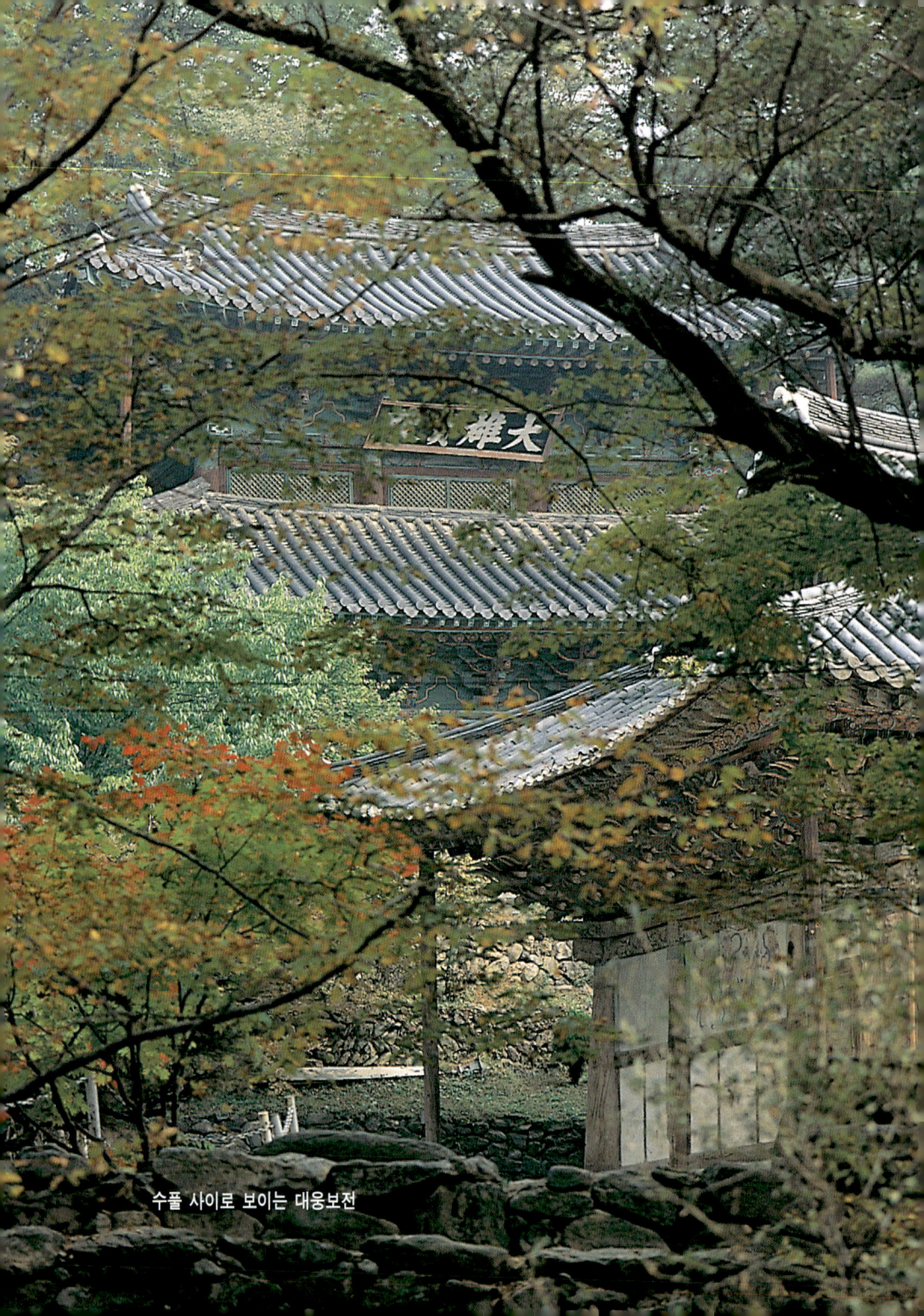

수풀 사이로 보이는 대웅보전

師古)의 마곡사 터에 대한 비결(秘訣)이 담겨 있다.

당 승안(承安) 4년(1199, 승안은 금나라의 연호인데 당의 연호로 잘못 알고 있다)은 고려 명종 때(신종 2년의 착오이다)인데 이때 신승(神僧) 인 불일 보조가 폐찰을 중건하라는 왕명을 받고 제자 수우와 함께 명승 을 두루 다니다가 이 자리에 와서는 다리에 올라가 춤을 추면서 '복지 가 맑은 개울에 임하였으니 금방울 소리가 소나무 사이에서 울린다(福 地臨淸澗 金鈴激松間)'라는 시를 읊었다. 후세 사람들이 무교(舞橋)라고 하는 다리가 바로 그 다리이다. 그리고 절 땅을 점지하면서 '은첨금지 덕준룡이(恩沾金池德峻龍耳)'의 형국이라 하였다.

당시 그곳에는 도적들이 거처하고 있어 절을 지을 수가 없었지만 수 우가 신묘한 방법을 써서 수만의 도적들을 물리치고 마침내 절을 세웠 다. 그러자 국왕은 전 200결을 내리면서 그를 국통 국사로 삼았는데 개 울 서쪽의 미타주와 북쪽의 3부도전 그리고 남쪽의 율암(栗菴)과 여러 묘가 당시의 유적이다. 지금 이 절의 승려들이 개울 서남쪽에 국사당이 라는 작은 사당을 별도로 지어 범일, 도선과 함께 보조를 모시고 있는 것은 바로 그 뜻을 잊지 않고자 함이다.

그뒤로 범일 대사가 다시 중창하였고 도선 대사도 다시 점지하기를 '천만년 오래도록 절이 들어앉아 있을 큰 터이며 삼재가 들지 못하는 곳(儘千萬古爲刹之大地 三災不入之處)'이라고 하였다. 또 '유구와 마곡 두 냇가 사이는 천 사람의 목숨을 살릴 만한 곳(維鳩麻谷兩水之間 可活 千人之命)'이라 하고 이곳을 몰래 집이나 묘로 쓰면 재앙을 받을 것이 라고도 하였다. 그런데 이런 내용을 담은 문적(文籍)들은 병화에 다 사 라지고 없으니 안타깝다.

국초에 남사고도 이곳을 점지하여 말하기를 '유구마곡 양수지간은 만인의 생명을 살릴 만한 곳이다'라고 하였다. 보조 국사의 결(訣)에서

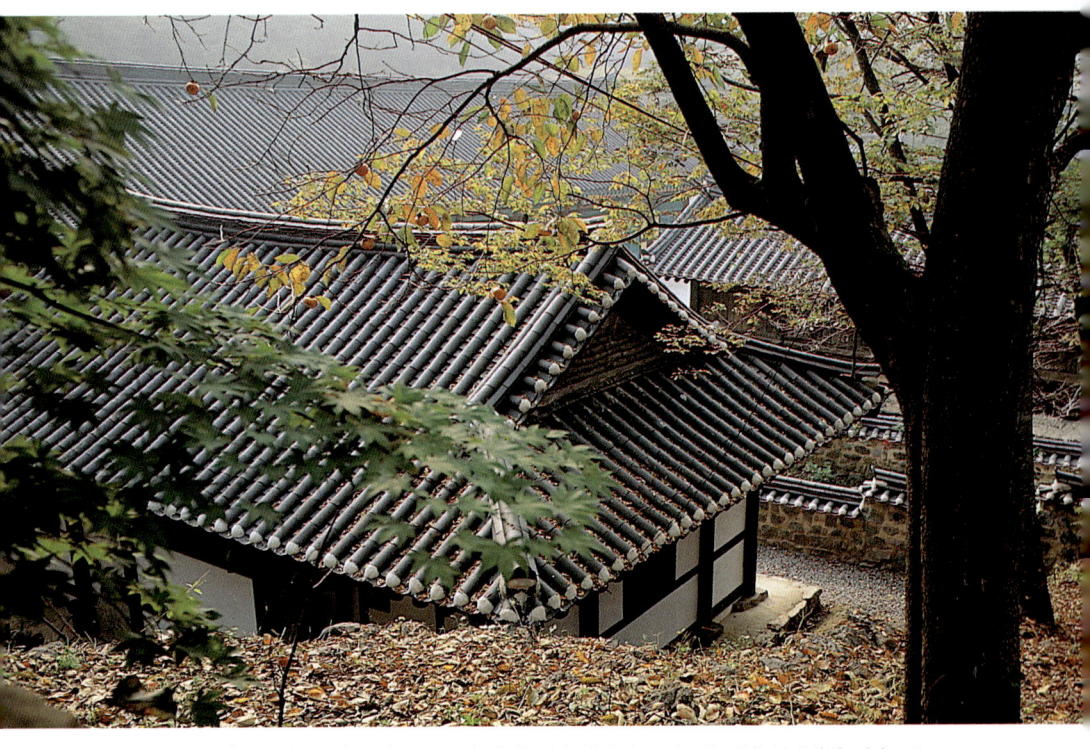

늦가을의 마곡사 도선 대사는 마곡사 터에 대해 천만년 오래도록 절이 들어앉아 있을 큰 터이며 삼재가 들지 못하는 곳이라 하였다.

도 이미 '은첨금지 덕준룡이'라 하였으니 사람들이 함부로 이곳을 점찍고자 한다면 어찌 참람(僭濫)하다 아니하겠는가?

『택리지』나 『정감록』 같은 비기(秘記)에도 마곡사 터에 대하여 「사적 입안」과 비슷한 내용이 있지만 앞의 비결을 그대로 옮긴 것으로 보인다. 이와 같은 비결이 유행한 것은 당시부터 이 절이 비결과 관련하여 주목을 받았다는 증거가 된다.

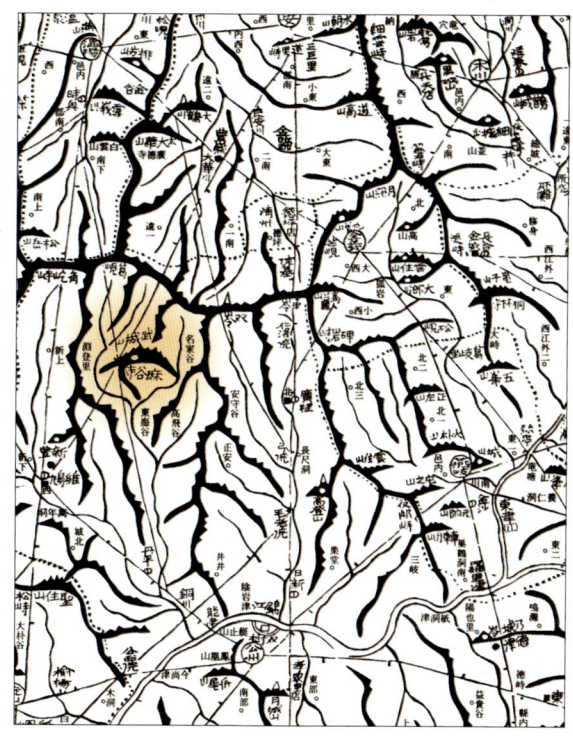

대동여지도에 나오는 마곡사 마곡사가 자리한 곳은 예로부터 길지(吉地)로 이름난 곳이었다.

　한편 『공주읍지』나 『동국여지승람』에는 모두 마곡사가 자리잡은 산 이름을 무성산이라고 하였는데 1851년에 작성된 「사적입안」에는 태화산이라 하였다. 이웃한 광덕사의 뒤쪽에 있는 큰 산도 태화산이라 부르는 것을 보면 산이 다른데도 같은 이름을 쓰는 이유가 있었으리라 여겨지지만 아직 확실하지는 않다.

세조와의 인연

　세조(1456~1468년 재위)가 고질병을 치료하기 위하여 유명한 온천과 약수를 찾아 다닌 사실은 이미 잘 알려져 있다. 속리산의 정이품 소나

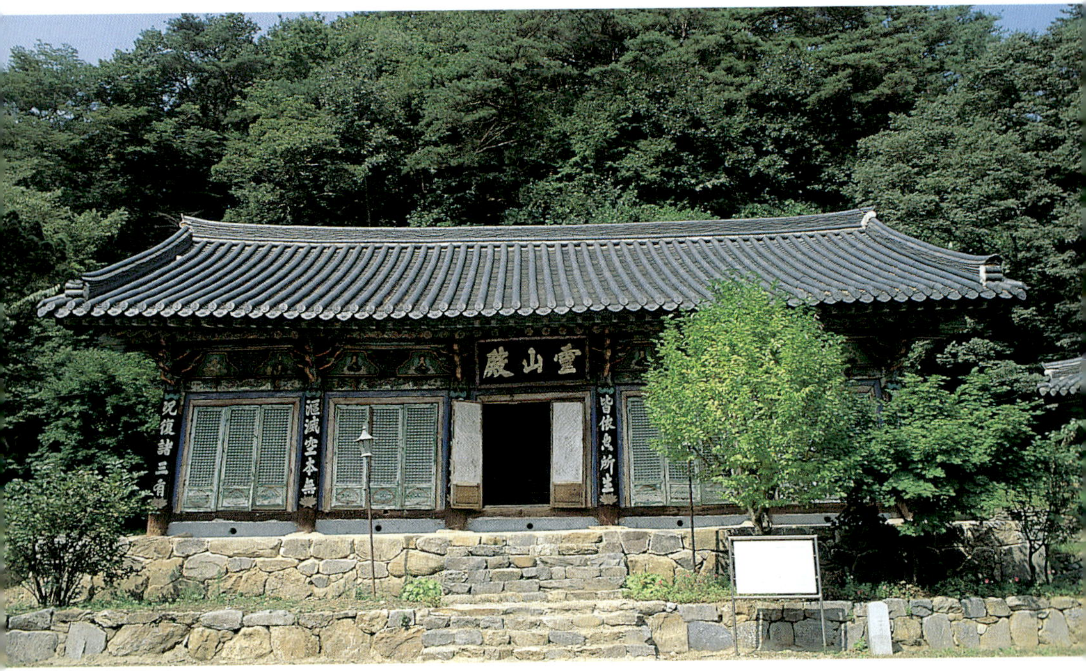

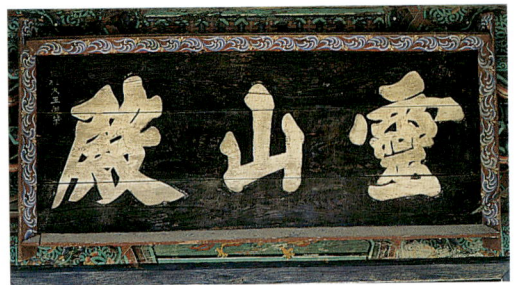

영산전 전경과 현판 세조가 이 절에 다니러 오셨다가 '靈山殿'이라는 세 글자를 써서 내리셨다는 이야기가 전한다. 지금도 영산전 현판에는 '세조어필(世祖御筆)'이라는 글이 적혀 있다.

무나 오대산 상원사의 문수동자상에 대한 유명한 이야기들도 다 그런 행행(幸行) 때문에 만들어진 것이다. 마곡사 역시 세조와 깊은 인연이 있었다.

명나라 헌종 성화 연간(1465~1487년)에 세조께서 이 절에 다니러 오셨다가 매봉〔鷹峰〕 아래 작은 봉우리에 올라가서 보고는 끝없이 감탄하면서 '만세 동안 없어지지 않을 땅(萬歲不亡之地)'이라고 하셨다. 그리고 '靈山殿'이라는 세 글자를 특별히 써서 내리셨으며 잡역의 부담을 면하도록 하는 내용의 수패(手牌)도 내려 주셨는데 병란 통에 수패를 잃어버려 애통할 따름이다. 그래서 지금 (세조가 올랐던) 그 작은 봉우리를 군왕대(君王臺)라고 부른다.

1457년에 세조는 온양 온천으로 내려오는 길에 광덕사와 개천사에 들러 노역을 덜어 주고 토지를 하사하는 내용의 교지(敎旨)까지 내린 적이 있었다. 이러한 사실로 미루어 본다면 마곡사에 전해 내려오는 이야기가 허탄(虛誕)한 얘기만은 아닐 것이다. 어쨌든 지금도 영산전 현판에는 '세조어필(世祖御筆)'이라는 글이 적혀 있다.

각순의 대중창 이후

세조가 다녀간 이후 마곡사의 역사는 다시 묻히게 된다. 다만 임진, 병자 양란 이후 인조(1623~1649년 재위) 무렵까지 60여 년 동안 승속(僧俗)이 모두 사라지고 황폐해져서 문서들과 사찰 소유의 땅이 없어졌다고 한다. 그러다가 1650년에 각순이라는 스님이 나와서 이 절을 중창하는 대목부터 절의 역사가 본격적으로 드러나기 시작한다.

각순의 대중창

마곡사 각 전당의 중건 일자와 화주승(化主僧) 등에 대한 완전한 기록은 각순이 대중창을 한 뒤 제봉 체규(霽峰體奎)가 다시 중창한 정조 12년(1788) 이후에나 나타난다.

그 이전의 사적은 아마 사적기가 사라져 버려 기억에만 의지한 듯하며 정확한 연도를 기록하지 못하고 주지의 이름과 벼슬아치들의 도움 등에 대한 간단한 사실만을 적고 있다. 이를 바탕으로 각순의 중창에 대한 상황을 정리하면 다음과 같다.

효종 2년 경인(경인은 1650년이고 효종 원년이니 1년의 착오가 있다)에 공주목사로 내려온 유곡 이태연이 녹봉을 털어 청동 2,000꿰미(緡)와 백미 300석을 내어 사역(寺役)의 바탕으로 삼았다. 그리고 토승(土僧)들을 모아 옛모습으로 복원한 다음 지소(紙所)로 만들었다.

경인년부터 기해년(1659)까지 10년 동안 판사승(判事僧)인 승연(勝衍), 현응(玄應), 진규(眞圭), 각순, 지원(智元), 보경(寶敬), 운일(雲日), 의전(義全), 운혜(雲惠), 현징(玄澄), 덕휘(德輝), 사정(思淨), 현순(玄順), 충색(沖色), 탁일(卓一), 성구(性久), 행안(幸安), 두운(杜雲) 등의 무리들이 앞뒤로 절을 맡아서 꾸려 왔다. 예건거사(瞥建居士) 박야외(朴野外)와 각순은 둘 다 재산이 많아 사재를 털어 탁일, 운혜 등과 함께 여러 공장(工匠)들을 이끌고 승당들을 완성케 하여 사찰의 외격(外格)이 갖추어졌다.

그러나 비록 딸린 토지를 면세받는다 하여도 감면액이 많지 않아 살림이 어려웠는데 다행히 이시방(李時昉, 1594~1660년)과 이시백(李時白, 1592~1660년) 형제가 주선하여 절의 사방 땅 4결(結) 55복(卜) 5속(束)을 면제받게 되었다.

경자년(1660) 이후에는 태휘(太輝), 성흠(性欽), 법영(法英), 현삼(玄

參), 응률(應律), 법희(法熙), 사인(思印), 쌍언(雙彥), 탁일, 태천(泰天), 죽림(竹林) 등이 뒤를 이어 절을 맡았다. 정축년(1697)에는 서경조(徐敬祖)가 직권으로 7결을 감해 주어 전부(田賦)가 줄었고, 계미년(1703)에는 정무(鄭塾)가 다시 직권으로 7결 20복을 면세해 주어 진상(進上) 사찰의 면모를 유지할 수 있었다.

이렇듯 마곡사의 중창은 1650년에 각순이 공주목사 이태연을 움직여 그로부터 청동 2,000꿰미와 백미 300석을 지원받아 시작하게 된다. '토승들을 모아 옛모습으로 복원한 다음 지소로 만들었다(募集土僧 再創舊樣 復爲紙所)'는 기록에서 두 차례의 전란을 겪은 다음 허물어지고 어지럽혀진 나라를 바로잡으려는 간절한 노력을 알 수 있다.

'토승'이라 한 것을 보아 절이 다 불타 버려 승려들이 승단조차 제대로 이루지 못하였음을 알 수 있고, 지소로 만들었다 함은 순수한 교단만의 모습을 갖추기가 어려워 그렇게나마 살림을 유지하려고 하는 긴박한 상황을 엿볼 수 있다. 더구나 인조 연간부터는 승려들의 도성 출입조차 금하는 사회 상황이었기 때문에 전란 뒤에 큰 절들을 복원한다는 것은 여간 어려운 일이 아니었다.

또한 '절반은 허물어진 선방과 기울어진 약사전을 모두 중수하였다(半額之禪堂 傾側之藥師 皆已重修)'라는 표현을 보더라도 철저히 퇴락하였던 건물들을 모조리 복원한 각순의 중창은 당시로서는 대단한 역사였을 것이다. 지금의 개울 건너 북쪽 구역은 이때 대강 완성되었을 것으로 짐작된다.

이웃 광덕사도 난리에 불타 버린 것을 효종 6년(1655)에야 중창하였다. 또 예산군 대흥면에 있었던 '삼곡사' 가운데 하나인 안곡사의 범종이 지금 마곡사에 와 있는데 그 범종의 명문에 '순치11년갑오(1654년)'라는 글귀가 있어 안곡사도 이 무렵 중창하였음을 알 수 있다.

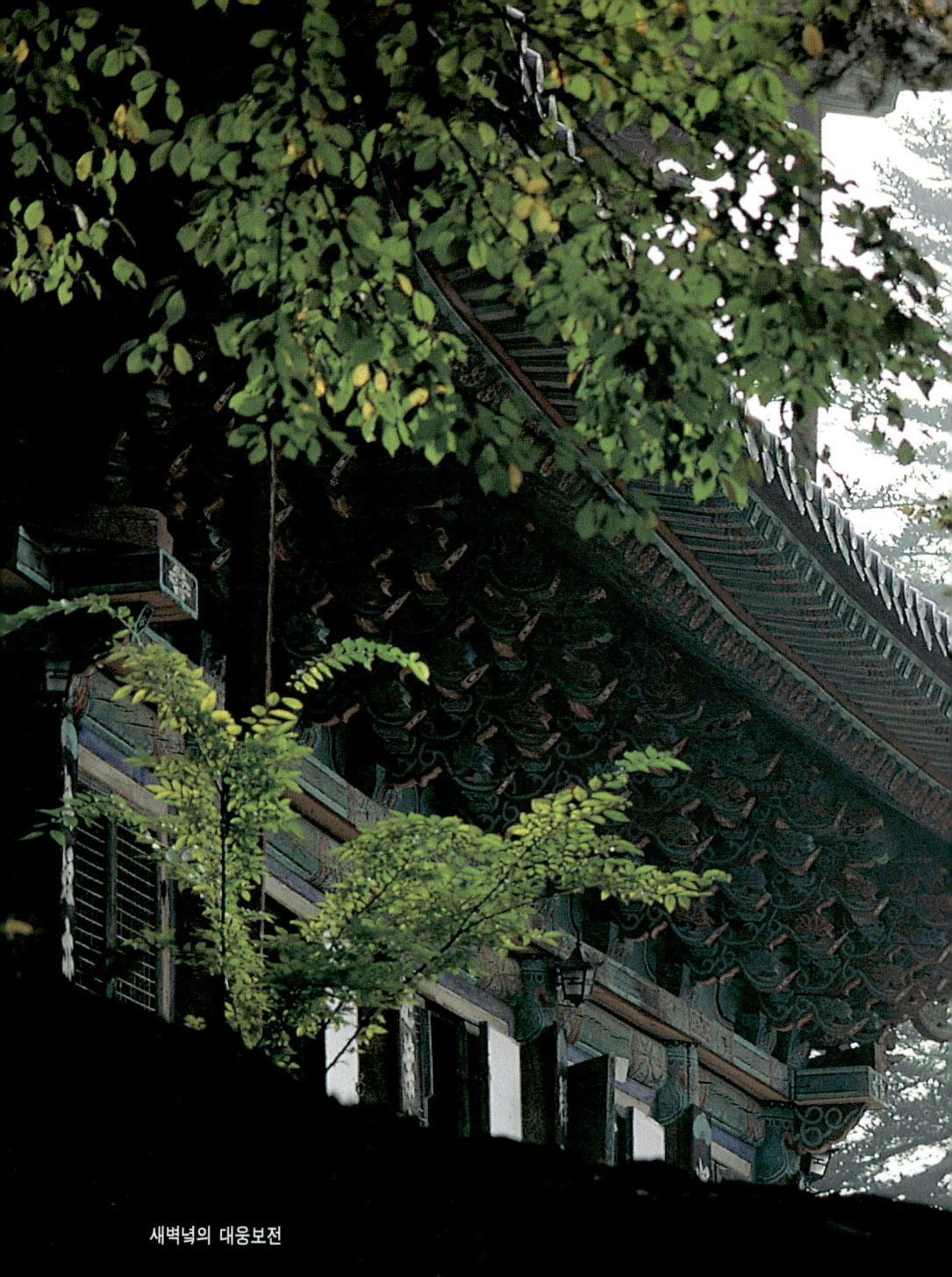

새벽녘의 대웅보전

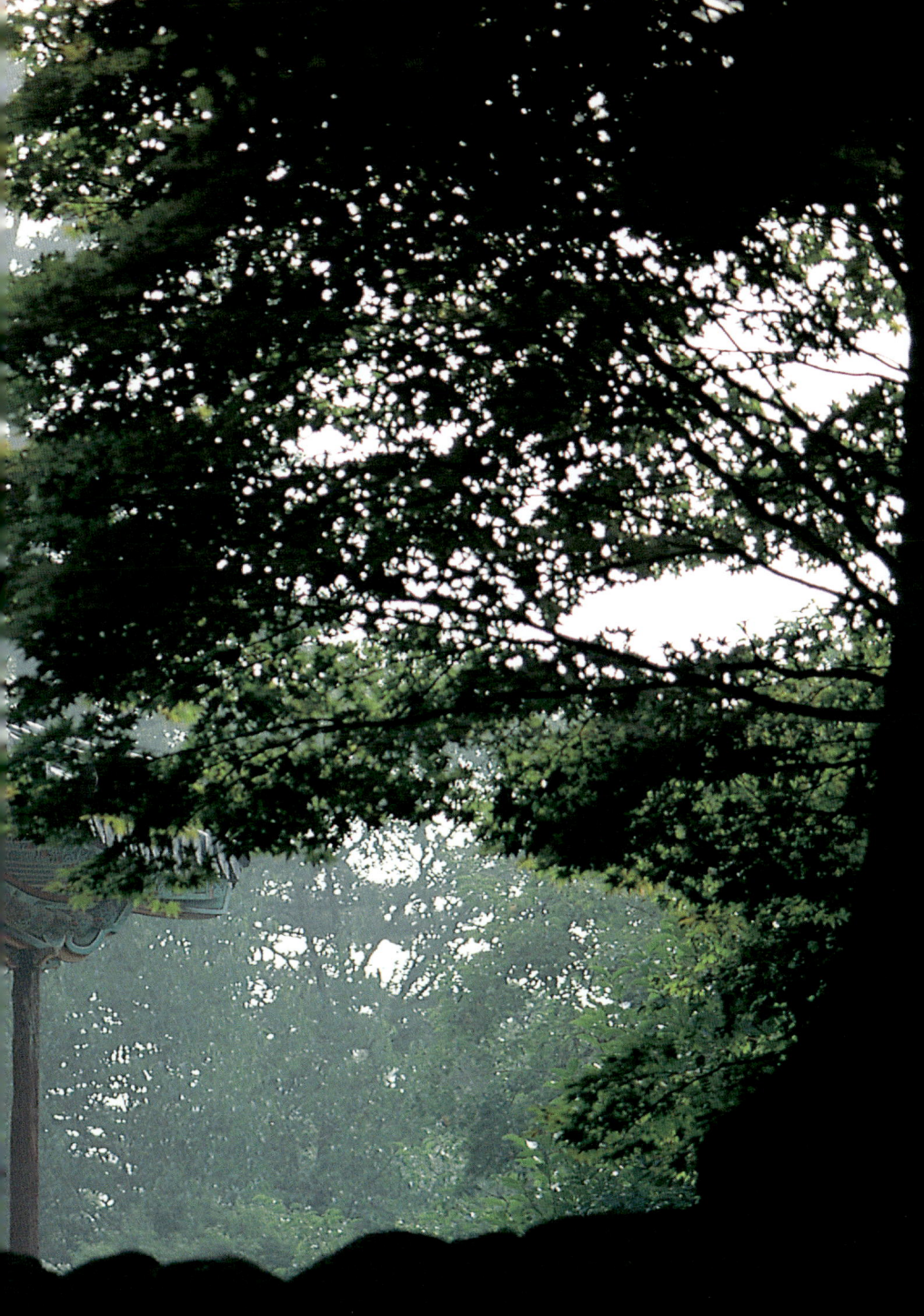

순조 탄신과 제봉 체규의 중창

1782년에 대법당을 비롯한 1,050여 칸이 다 타버리는 큰 재앙을 입고 난 다음 제봉 체규가 화주로 나서서 마곡사의 중창을 시작한다. 1788년에야 대법당을 개건하는 어려움이 있었지만 2년 뒤인 정조 14년(1790)에 자신의 기도로 원자가 탄생하는 경사를 맞게 되고 이후 궁실의 도움을 받아 진행되는 그의 중창 불사는 한결 쉬웠을 것이다. 더구나 정조 19년(1795)에는 태실(胎室, 왕실의 태를 봉안하는 곳)로 봉해지고 도내 수사찰(首寺刹)의 직인까지 받게 되어 이후 마곡사의 사세(寺勢)는 일취월장하였던 것으로 보인다.

정조 14년 기유(기유는 1789년이니 1년의 차이가 있으며 1790년에 수빈 박씨에게서 순조가 탄생하니 이 일이 사실이라면 정조 13년이라야 맞다)에 정순왕후(貞純王后)께서 농산 대사(聾山大師)에게 원자 탄신을 위한 천일 기도를 하게 하셨다. 8월 초아흐레밤에 가순궁(嘉順宮, 수빈 박씨로 1787년에 정조의 빈이 된다)이 꿈을 꾸었는데 목에는 염주를 걸고 몸에는 가사를 걸쳤으며 손에는 육환금석장을 짚은 노승이 궁중으로 날아 들어오며 만세를 부르더니 잠깐 뒤에는 용으로 변하였다. 가순궁께서는 이후로 태기가 있으셨다 한다. 그런데 농산 대사가 천일 기도를 마치지 못하고 입적하였으니, 입적한 날이 바로 용꿈을 꾼 날이었다. 나라에서는 제봉 체규에게 날짜를 이어 천일 기도를 마치게 하고 관찰사에게 각별히 수호하도록 하였으며 승통(僧統)의 직위를 명하는 주인(鑄印)을 내리었으니 제봉은 농산의 법제자이다. 경술년(1790) 6월 18일 정묘에 순조께서 탄강하셨다.

계유년(1813년인데 이형원의 생졸년과 맞지 않은 것을 보면 간지를 잘못 기록한 듯하다)에 이현(泥峴) 이형원(李亨元, 1739~1798년)이 충청도 관찰사로 있을 때 땅의 길흉을 판단하여 준 대가로 금파(錦波)에게 700

꿰미를 주었는데 금파가 사양하며 대신 절에 바치겠다고 하니 이현이 그를 가상히 여겨 다시 700꿰미의 동과 쌀 40석을 절에 내리고 직권으로 14결을 감해 주었다.

갑진년(1784)에 심풍지(沈豊之, 1738~1793년)가 관찰사를 하고 있을 때 대광보전 개건일(1785년에 개건을 시작하여 1788년에 완공하였다고 기록되어 있으니 이것이 개건 불사의 원동력이 된 듯하다)이 되어 특별히 황조(黃租) 200석과 청동 300꿰미를 내렸으며, 정유년(1837)에 심의신(沈宜臣, 1791~?)이 관찰사를 할 때에는 100꿰미의 동을 내려 이것의 이자로 영산전을 중수하였다(1843년에 심의신이 쓴 「유공불망기(有功不忘記)」가 남아 있다). 경자년(1840)에는 매화당(梅花堂)이 소실되었는데 신축년(1841)에 충청감사 김영순(金英淳, 1798~?)이 100꿰미를 내려 전보다 크게 중건하였다.

어람지(御覽紙)를 진상할 뿐 아니라 영문(營門, 관찰사가 직무를 맡아 보던 관아)의 전문지(箋文紙)와 기와를 모두 이 절에서 맡았기 때문에 영문 본부에서 이 절을 다른 절보다 자별하게 돌보아 주었다. 을묘년(1795)에는 내수사(內需司, 조선시대 대궐에서 쌀, 베, 잡물, 노비 등에 관한 사무를 맡아보던 관부)와 양자궁(良姉宮)에서 이곳을 태실로 봉한다는 전교가 있어 함부로 사람들이 산에 들어와 집을 짓고 나무를 베거나 심으며 화전을 하지 못하도록 하고 승통의 인신(印信)을 내려 도내 각 사찰을 규정(糾正)하는 수사찰로 만들었다. 따라서 마곡사의 사격(寺格)은 더욱 높아지게 되었다.

순조의 탄신 이후로 마곡사는 궁실의 외호를 받게 된 모양이고 이런 역할을 잘 수행해낸 이가 바로 제봉인 듯하다.

또한 대광보전의 현판이 표암 강세황의 글씨이고, 심검당의 현판은 송하 조윤형의 글씨인 것을 보면 당시 마곡사의 스님들이 나라에서 제

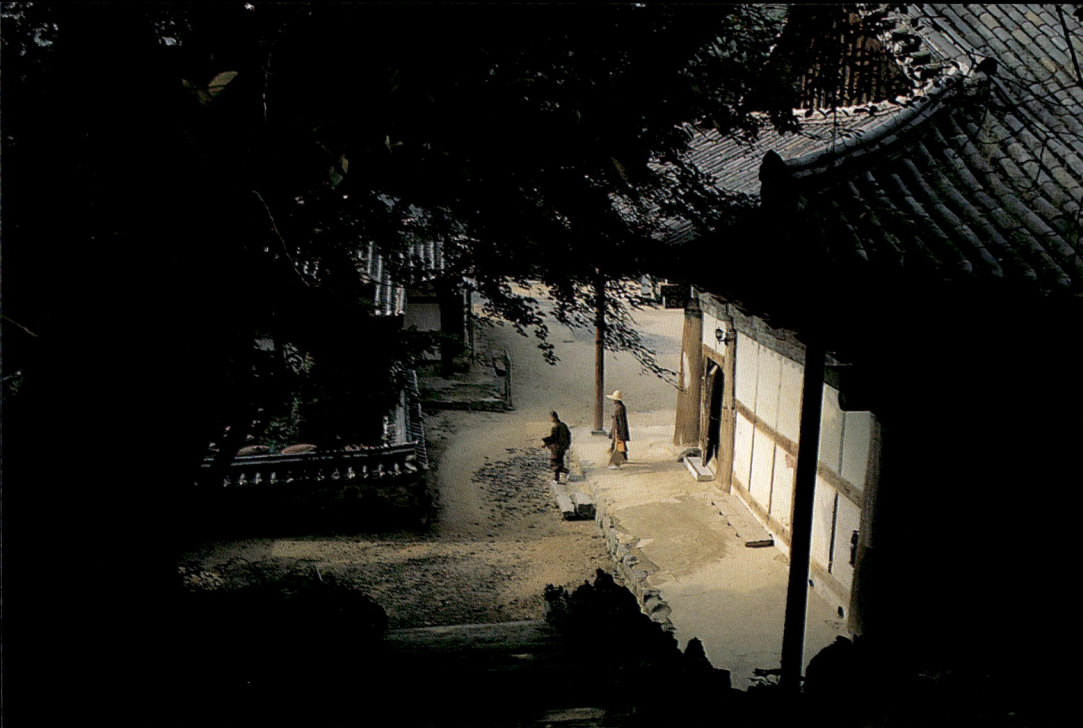

도량을 청소하는 행자 한때 마곡사에 머무르며 수도를 하신 스님들의 이야기와 영정들이 지금도 전하고 있다. 청소하는 행자들의 모습에서 청정 도량을 지켜가는 전통을 엿볼 수 있다.

일가는 명필을 찾아서 글씨를 받아 올 정도의 문화를 유지하였다는 것을 알 수 있다.

마곡사와 인연이 깊었던 스님들

공주 사람인 듯한 유학(幼學) 임원횡(任源橫)은 1660년대 이후 마곡사에 주석하였던 인물들의 세세한 이야기를 정리하여 「사적입안」 후기에 덧붙였다. 이를 통해 마곡사와 인연이 깊었던 스님들과 당시의 상황을 짐작할 수 있다.

우선 병오 정미년에 현징(玄澄)이 만월대에 은행나무를 심고, 정민(淨敏)이 개울 남쪽에 회나무를 심었다고 하는데 이때의 현징은 「사적입안」 원문에서 1651년 경인부터 1659년 기해까지 판사승의 소임을 맡았던 스님이다. 따라서 그때와 가까운 병오와 정미는 1666년과 1667년일 것이다. 을미 경술 연간(1655~1670년)에는 태천(泰天)이 서쪽 개울 길가에 모감주나무를 심고 북쪽 정자의 좌우에 느티나무를 심었다. 그리고 임술 신미 연간(1682~1691년)에는 법영(法英)이 느티나무 20그루를 서쪽 물가에 심고 덕원(德元)이 남쪽 물가에 버드나무를 심었다.

「순치입안」에 실린 여러 사람 가운데 박야외(朴也外, 「사적입안」에는 '野外'라고 되어 있다)와 덕휘, 응탁(應卓), 인희(印希), 천숙(天淑), 홍준(弘俊), 일선(一善), 지원, 의전, 신견(信堅), 각순, 충해(沖海), 선일(先一), 충휘(忠輝), 선행(善行), 처옥거사(處玉居士) 김돌파지(金乭破只) 등은 재물을 모아 여러 전각을 세우는 역할을 많이 하였다. 특히 정민의 도움으로 대광보전의 불상을 만들었고 인미(印美)의 공으로 영산전의 천불을 이루었다. 또 유민(裕敏)의 공으로 천왕문(天王門)을, 학인(學仁)의 덕으로 범종루를 이루었다. 각순과 박야외는 사재를 많이 헌납하여 큰 공을 세웠고, 운혜와 탁일은 여러 장인들을 다루었다.

운일, 현징, 충색, 태천, 죽림은 일을 도모하는 데 적당한 사람들이 었고 법희(法熙), 설호(雪湖), 능안(能安)은 주로 서울 밖에서 일을 해결하는 사람들이었다. 전결(田結)을 면세받고 본사와 각 말사의 도둑들을 없애는 소임은 죽림 혼자서 잘 해냈다. 또 인영(印英), 가휘(可輝), 승언(勝彦), 문옥(文玉), 일선(一善), 충형(沖洞), 각무(覺無), 청운(淸雲), 덕명(德明), 택정(擇淨), 문우(文祐) 등은 산중의 뛰어난 덕인(德人)으로 여러 암자에 각각 거처하면서 절을 수호하였고 승열(勝悅), 법승(法勝), 성민(性敏), 청안(靑眼), 형오(洞悟) 등은 암자에서 덕을 기르면서 절을 지키는 자들이었다.

그리고 철현(哲玄)은 화격(畵格)으로 이름이 나서 여러 절에 불려 다닐 정도였다. 이들 가운데 특히 뛰어난 자는 인영으로 여러 경전에 박통(博通)하고 뜻이 고고한 분이었고, 청안은 성품이 금옥 같고 경학(經學)에 매우 밝은 자였다. 영자전(影子殿)에는 목우자 지눌과 서산 대사, 소요 태능 금봉(金峰), 그리고 청한당(淸寒堂) 가휘(可輝)와 각순의 영정을 그려 모셨다. 서산은 조선 명종에서 선조 때의 승려로 양주사람이고 금봉도 선조에서 인조 때의 승려이다. 가휘는 천안에서 났지만 마곡사에서 출가하였다.

철종 연간 이후의 마곡사

「사적입안」이 작성된 1851년 이후에는 유감스럽게도 마곡사에 대한 정확한 기록이 없으며 다만 절에 전해 내려오는 몇몇 현판기만 있을 뿐이다.

제봉 체규는 대광보전을 중건한 다음 불상 배치를 하면서 보통의 경우와 달리 주불을 건물의 왼쪽에 곧 서쪽에서 동쪽을 보고 앉게끔 배치하였다. 부석사 무량수전과 동래 범어사의 대법당 그리고 화엄사 각황전에서도 이런 배치를 볼 수 있다. 이 배치는 많은 대중이 법당 안에 들어와 설법을 듣는 데 적당한 방법이며 앞서 예를 든 큰 절들은 모두 화엄종찰로 유명한 절들이다. 제봉이 마곡사의 대광보전을 중건할 무렵도 조선시대 불교에서 화엄종이 중흥하던 때이므로 대광보전의 불상 배치는 마곡사가 그뒤에 화엄종찰로 융성해지는 한 증거가 아닐까 짐작된다. 1909년에 쓴 「심검당공료번와기」에도 화엄산림을 열었다는 기록이 있다.

1797년 심검당 중건의 화주로 제봉 체규의 이름이 나오는 것을 보면 그는 당시까지 생존하였던 모양이다. 제봉의 법제자는 금파 묘화(錦波妙華)이고 금파의 제자는 홍계 영일(洪溪永日)과 연봉 호영인 듯하며, 홍계의 제자는 인월 지행(印月智幸)이다. 그는 은적암과 영은암, 영산전의 중수에 큰 공이 있는 듯하다. 또 인월의 제자는 정순(淨順)으로

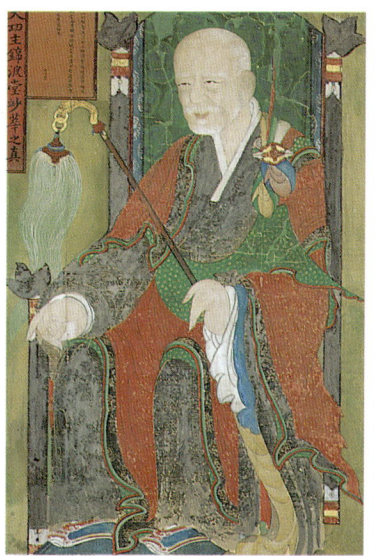
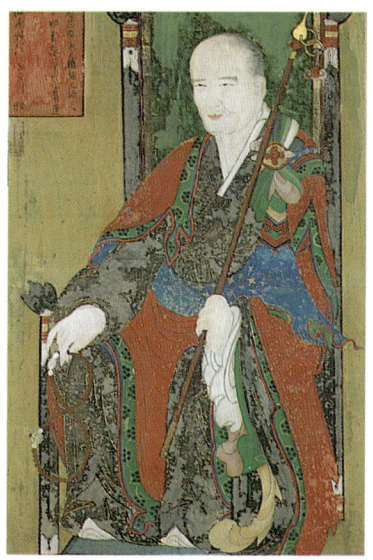
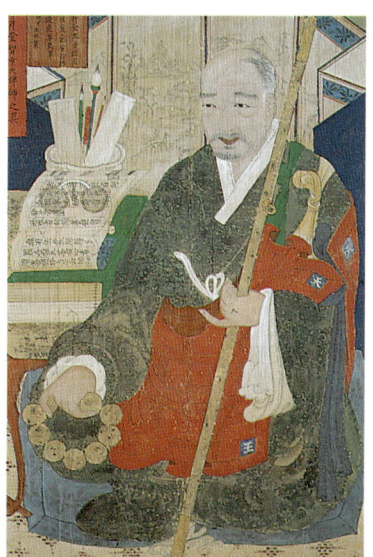
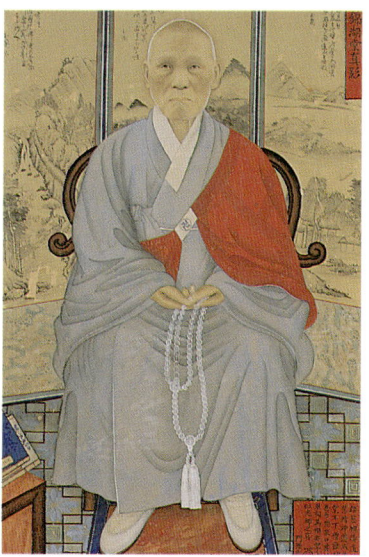

국사당에 봉안된 고승 영정 제봉 체규 이후로 마곡사와 인연이 깊었던 금파 묘화(맨 위 왼쪽)와 홍계 영일(맨 위 오른쪽), 인월 지행(위 왼쪽), 금호 약효(위 오른쪽)의 영정들이 국사당에 모셔져 있다.

홍성루(興聖樓)와 해탈문(解脫門)의 중수에 공이 있었다.

　그뒤 마곡사의 중요한 법맥은 알 길이 없지만 마곡사는 예전부터 법맥보다는 화승(畵僧)의 맥으로 유명하였다. 임원횡의 「사적입안」 후기에도 철현이라는 스님이 화격이 매우 뛰어나 여러 절에 불려 다녔다는 기록이 있다. 최근 우리나라 불화의 거장인 송광사의 석정(石鼎) 스님도 마곡사의 금호(錦湖)―보응(普應)―일섭(日燮)으로 이어지는 대를 이어 일섭 스님에게 불화를 배웠다고 한다.

　금호 약효(若效)는 당대에 유명한 화승으로 많은 활약을 하였으며 마곡사에는 아직 그의 유적이 많이 남아 있다. 1925년에 금호 약효가 절에 재산을 내놓았다는 헌답기(獻畓記)도 있고 같은 해에 그린 신중탱화도 대광보전 안에 모셔져 있다. 지금도 마곡사에 가 보면 하나하나 떼어놓더라도 훌륭한 작품이라 할 수 있는 그림들이 법당 벽면에 많이 그려져 있다.

　또 일제 강점기에 들어서는 백범 선생이 황해도 안악에서 일본군 장교를 죽인 다음 이름을 바꾸고 마곡사에 들어와 승려 노릇을 하면서 숨어 지낸 적이 있었다. 백범 선생은 광복이 되고 귀국한 뒤에 다시 마곡사에 들러 그때의 감회를 느끼며 기념 식수를 하였다. 현재 후인들이 이를 기념하여 세운 비석이 절 한켠에 있다.

가람 배치와 건축

우리 선조들은 건물을 세우고자 할 때 반드시 주변 산세와 물길 등을 먼저 살펴보고 위치를 정하는 것이 상식이었다. 왜냐하면 바람, 물, 토질 등 인간이 뿌리를 내리고 사는 땅과 주변의 자연 조건들은 인간 생활에 직간접적인 영향을 미칠 수밖에 없기 때문이다. 주변 지형은 오늘날 건축 계획을 할 때에도 건물의 조형이나 배치 등에 결정적인 영향을 주는 중요한 설계 조건이다.

사찰의 위치를 점정(占定)하는 데는 두 가지 서로 다른 방식이 있었다. 첫번째로 명당인 곳을 채택하는 방식이 있는데 그 예로 경주 토함산 아래쪽으로 거북등 형국의 넓은 명당에 불국사를 세운 것을 들 수 있다. 둘째는 나쁜 지기를 누르거나 특수한 목적에 따라 자리를 결정하는 비보사찰(裨補寺刹)의 개념이다. 경기도 시흥에 위치한 삼성산은 바위가 호랑이 형상이어서 땅 기운이 너무 강하고 거칠어 서울을 위압하므로 이를 진압하기 위하여 삼성산 북쪽의 호랑이 심장에 해당되는 곳에 호압사(虎押寺)를 세워 강한 기운을 눌렀다고 한다.

공주시에서 서북쪽으로 마곡사가 자리하고 있는 무성산은 차령산맥의 한 지맥으로 천안 광덕산에서 뻗어 내려와 형성되었다.

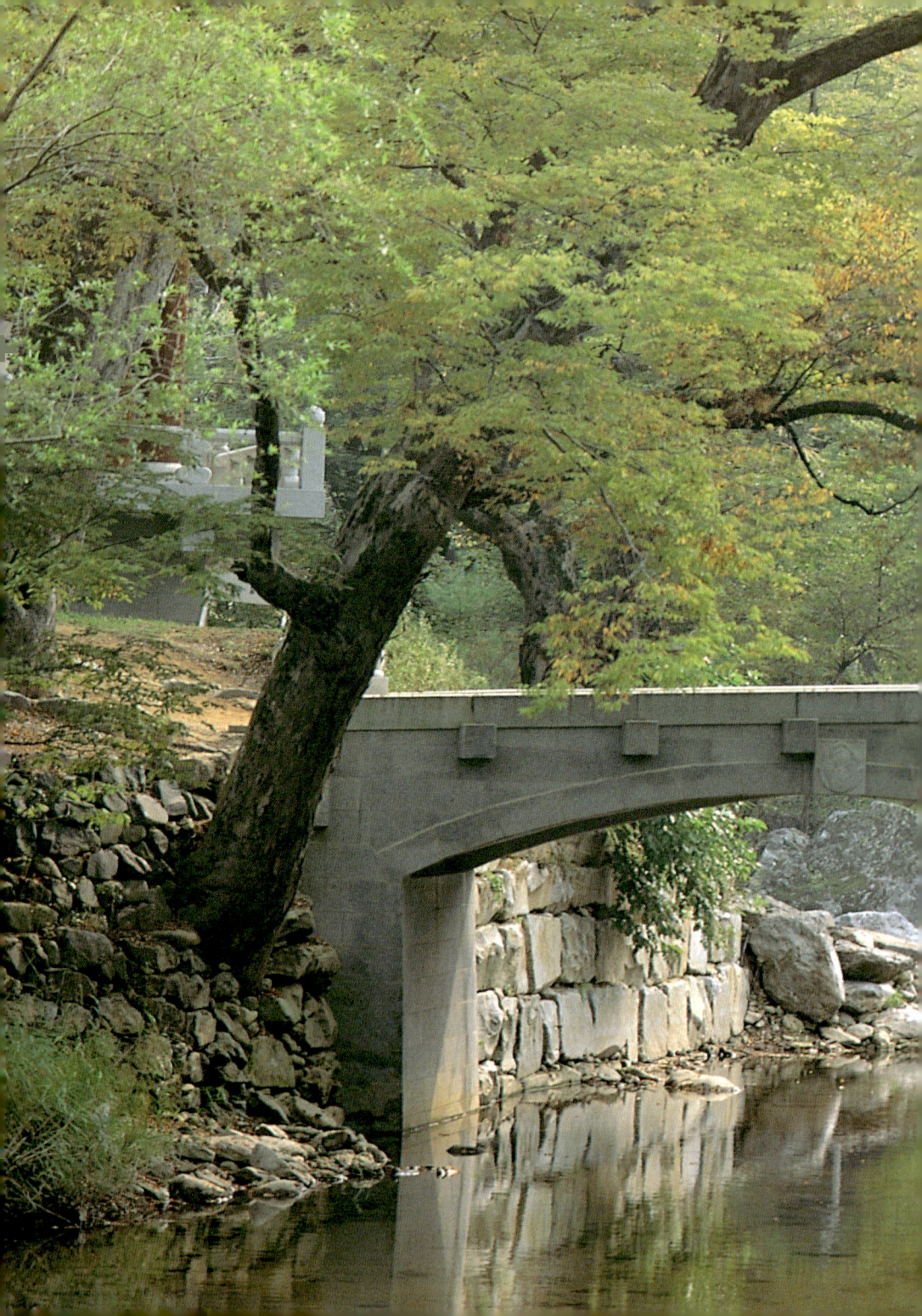

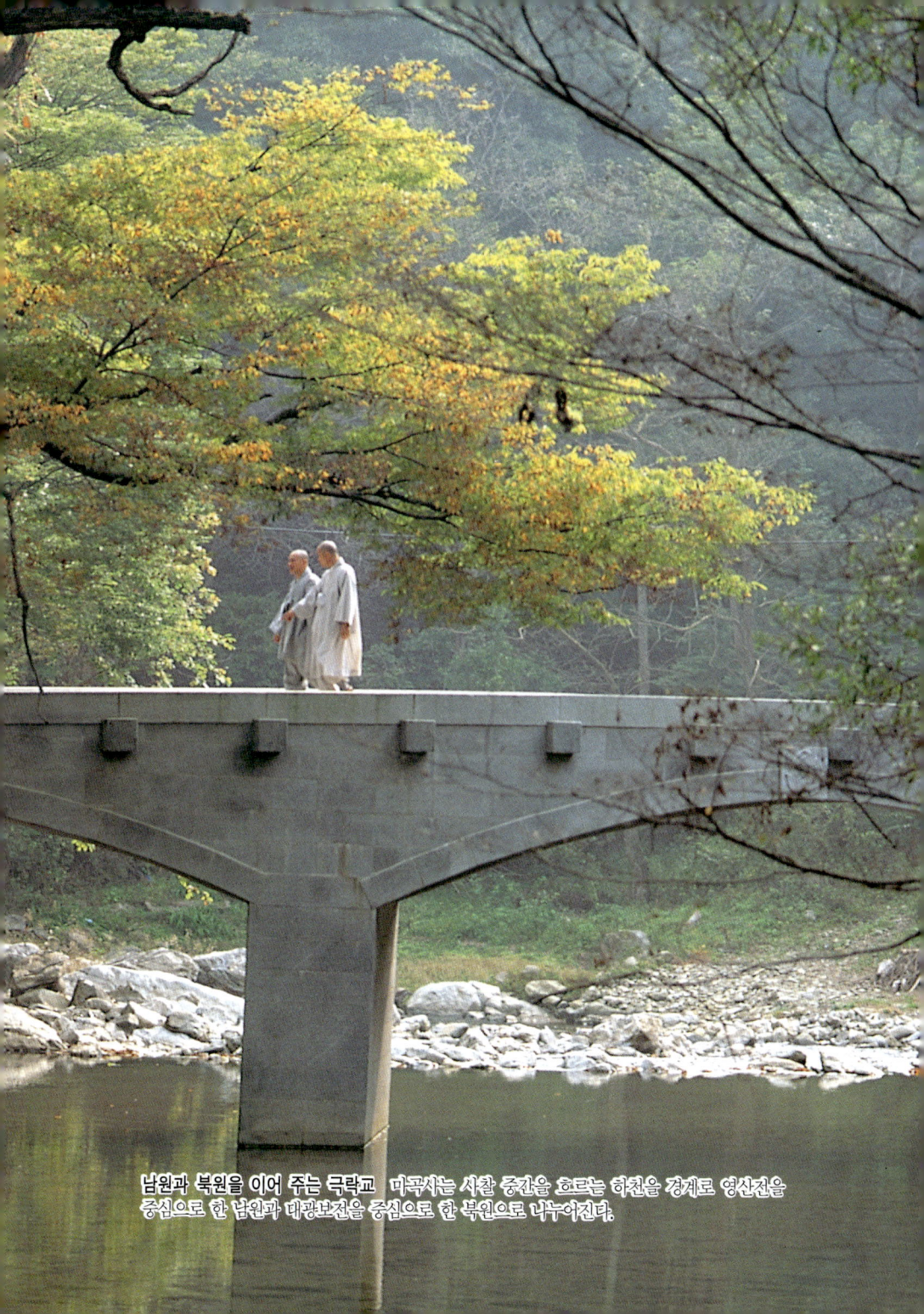

남원과 북원을 이어 주는 극락교 마곡사는 사찰 중간을 흐르는 하천을 경계로 영산전을
중심으로 한 남원과 대광보전을 중심으로 한 북원으로 나누어진다.

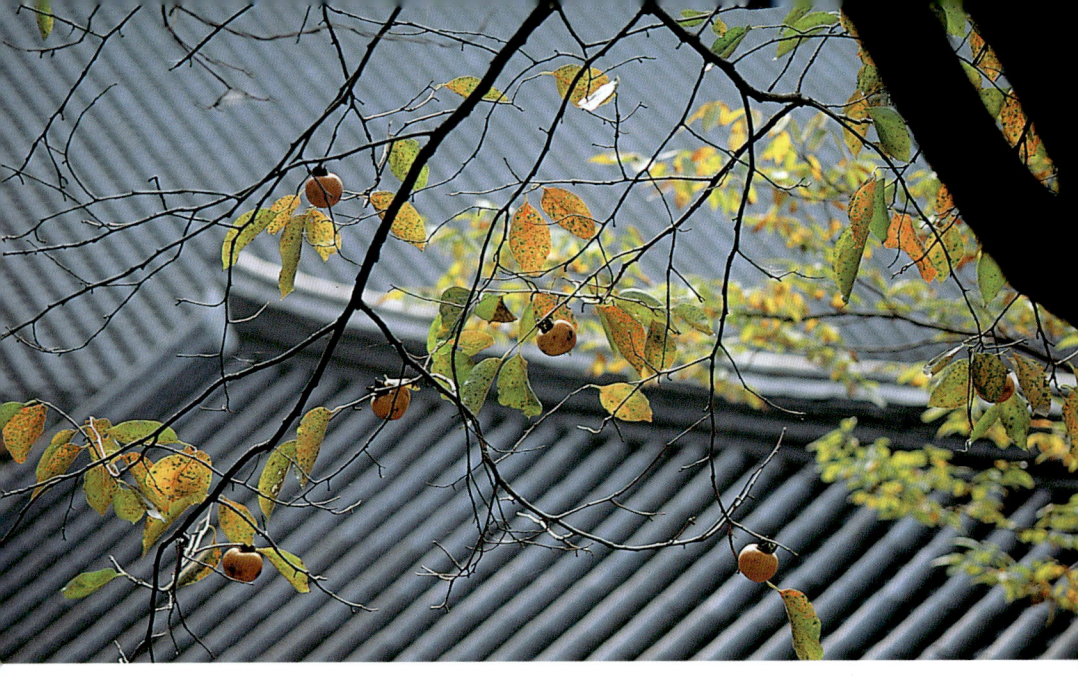

감나무 너머로 보이는 영각 지붕 마곡사 주변 지역은 예로부터 기근이나 병란의 염려가 없는 십승지(十勝地) 가운데 하나였다.

마곡사의 주변 지형을 보면 절 뒤쪽의 국사봉(590미터)과 서쪽의 옥녀봉(361.3미터), 동쪽의 무성산(613미터) 등 나지막한 산들이 절을 에워싸고 있으며 국사봉에서 발원한 마곡천이 사역 중심을 가로질러 S자형의 만곡(彎曲)을 이루며 마곡사를 감싸 안고 흘러내리고 있다. 여기에 작은 개울이 절의 동쪽에서 마곡천과 합류하여 소위 삼합수(三合水)를 이룬다. 이곳은 아름답고 다정스러운 산 봉우리들 사이로 청계수(淸溪水)가 가득 흐르고 있어 이른바 '연화부수형(蓮花浮水形)'의 형국을 이룬다. 바로 그 명당의 혈장(穴場)에 마곡사가 자리하고 있는 셈이다.

마곡사가 자리한 곳은 예로부터 길지로 이름난 곳으로 이중환은 『택리지』에서 남사고의 예언을 인용하여 마곡과 유구 두 냇가 사이를 십승지 가운데 하나로 기록하였다. 도선 대사도 '이곳은 삼재가 들지 못하는 곳으로 천만년 오래도록 좋은 땅이며 이곳을 집이나 묘 자리로 사용하는 자는 반드시 신의 재앙을 받을 것'이라고 경고하였다.

예로부터 전해 오는 '춘마곡추갑사'란 명칭에서도 알 수 있듯이 마곡사 주변은 맑은 개울물과 소나무, 벚나무 등이 우거진 숲이 잘 어우러져 선경(仙境)을 이루고 있다. 조선 숙종 때의 문신인 옥오재(玉吾齋) 송상기(宋相琦, 1657~1723년)도 「유마곡사기(遊麻谷寺記)」에서 '십여 리 길가에 푸른 시냇물과 흰 바위가 있어 저절로 눈이 트였다(十餘里路傍 淸泉白石 己自開眼)'라고 절 주변의 아름다움을 노래하였다.

마곡사 터는 세 봉우리 사이에 약 8,000평 규모로 조성된 평탄한 지형이다. 절터 뒤쪽의 국사봉과 서쪽의 옥녀봉이 직교에 가까운 축을 이루는 지형 조건에 따라 대광보전과 영산전은 서로 다른 좌향(坐向, 등진 방향과 바라보는 방향)으로 놓여 있다.

예전에는 절 앞의 고개를 넘어 해탈문 전면으로 사찰에 진입하던 길이 있었지만 지금은 공주에서 북동쪽 계곡을 따라 형성된 도로를 이용하거나 온양, 예산 방면에서 유구읍을 지나 사찰의 서쪽으로 진입하고 있다.

가람 배치의 변천

마곡사 가람에 대하여는 「사적입안」과 「선교양종대본사마곡사연기약초(禪敎兩宗大本寺麻谷寺緣起略抄)」의 기록이 조금 다르게 기술되어 있어 약간의 혼란은 있으나 자세히 살펴보면 크게 다섯 번의 변화가 있었음을 알 수 있다.

우선 「사적입안」에는 자장이 642년에 마곡사를 창건하면서 33층의 금제 풍경을 단 탑을 조성하였다고 기록되어 있다. 그러나 자장이 당나라 유학을 마치고 귀국한 해는 선덕여왕 12년이고, 신라의 대국통(大國統)

인 자장이 백제 영토에 사찰을 지었다는 것은 당시 신라와 백제의 외교 관계로 보아 근거가 희박하여 신빙성이 없다.

또 1199년에 불일 보조가 왕명에 따라 도적을 물리치고 마곡사를 중수한 사실이 「사적입안」에 언급되어 있으나 세 번째 중건을 담당한 범일에 앞서는 보조는 고려의 불일 보조가 아닌 신라의 보조 체징이라야 앞뒤가 맞다. 보조 체징의 고향이 이웃 공주인 것을 보아도 마곡사의 실질적인 창건은 9세기경 보조 체징에 의한 것으로 추정된다.

당시 마곡사의 가람 배치를 추정하기에는 남아 있는 기록과 유구(遺構, 옛 구조물의 일부가 남아 있는 것)가 거의 없어 무리가 있다. 다만 「사적입안」에 국사천 서쪽의 미타주와 북쪽의 삼부도전, 절 남쪽의 율암이 언급되어 있어 당시에 이 세 건물들이 남아 있었던 것으로 보인다. 미타주는 아미타불을 모신 미타전을 지칭하며 당시 신라에 유행하였던 미타정토신앙(彌陀淨土信仰, 극락 세계의 아미타불에 의지하여 정토의 실현을 추구하는 신앙)에 필요한 불전으로 건립하였던 것 같다. 따라서 창건 때의 마곡사는 미타전을 중심 불전으로 한 소규모의 가람이었던 것으로 보인다.

보조 체징의 창건 이후 마곡사 가람의 변천에 대하여는 「연기약초」에 범일이 신라 문성왕 9년(847)에 법우(法宇, 사원의 통칭)를 확장하고, 신라 헌강왕 3년(877)에 도선 국사가 법우를 중수하여 도량을 일신시켰다는 간략한 기록만 있을 뿐 건물명을 언급하지 않아 구체적인 변화 양상을 알 수 없다. 창건을 포함하여 범일과 도선이 2, 3차 확장을 하고 중수한 시기가 거의 비슷한 연대인데 창건 당시의 가람 배치에서 약간 확대되었으나 그 규모는 크게 변하지 않았을 것으로 생각된다.

9세기 이후부터 조선시대 세조가 마곡사에 유람하여 영산전 편액을 하사한 15세기 중반까지의 마곡사 가람에 대한 자세한 기록은 찾아볼 수 없다. 그러나 대광보전 앞에 있는 5층석탑이 체감률이 큰 고려 양식

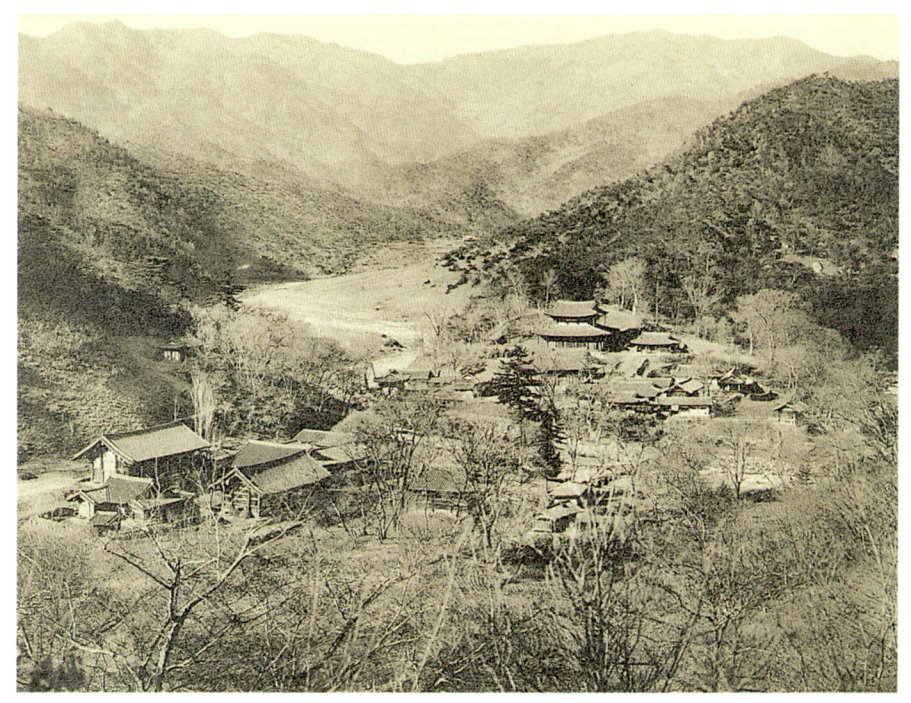

1920년대 마곡사 전경 절 뒤쪽의 국사봉과 서쪽의 옥녀봉, 동쪽의 무성산 등 나지막한 산
들이 절을 에워싸고 있다. 『조선고적도보』.

마곡사 가람 배치도

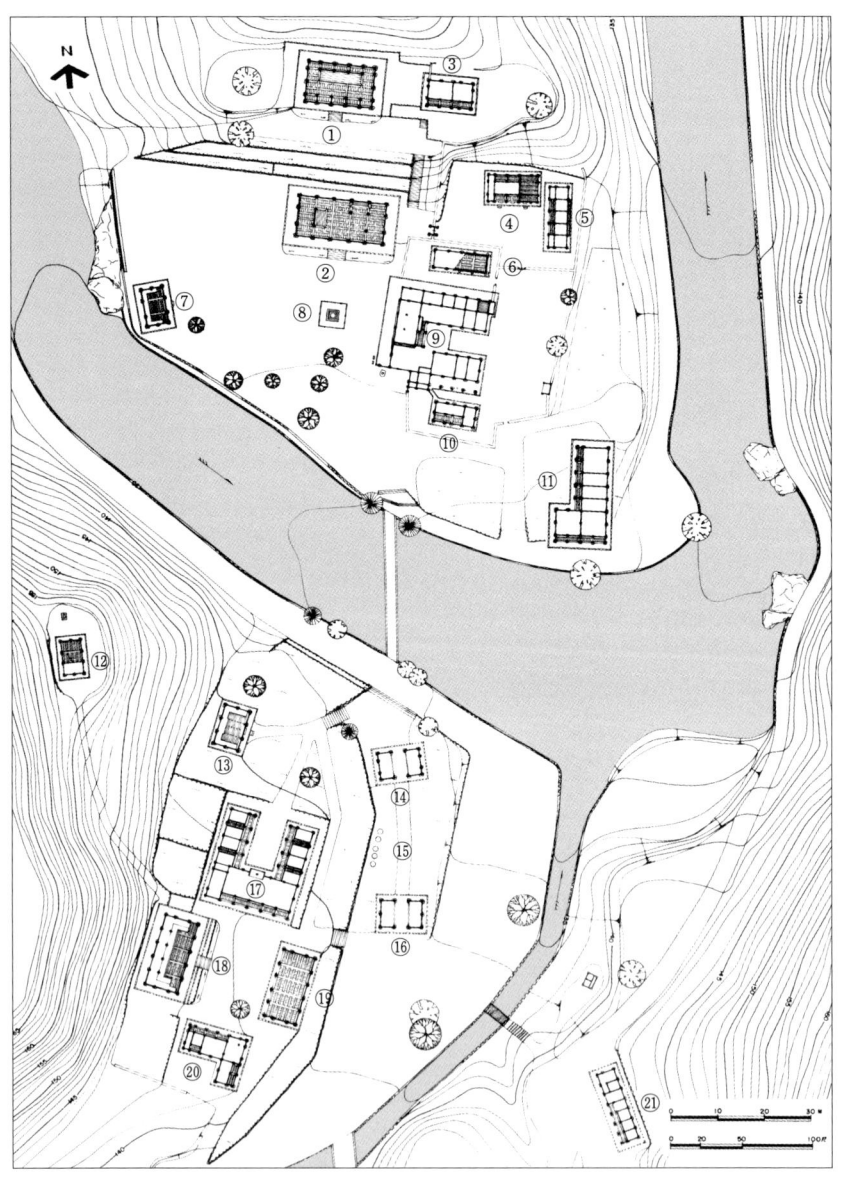

①대웅보전 ②대광보전 ③대향각 ④영각 ⑤요사 ⑥중층 창고 ⑦응진전 ⑧5층석탑 ⑨심검당 ⑩요사
⑪종무소 ⑫국사당 ⑬명부전 ⑭천왕문 ⑮부도군 ⑯해탈문 ⑰매화당 ⑱영산전 ⑲흥성루 ⑳수선사
㉑요사(①~⑪까지는 북원이고 ⑫~㉑까지는 남원이다)

이며, 상륜부의 청동제 복발이 원나라 라마교의 영향을 받은 점 등을 보아 고려시대에도 마곡사가 존재하였던 것으로 보인다. 「사적입안」에서 1199년에 불일 보조가 폐찰을 중수하라는 명을 받고 제자 수우와 함께 도적을 물리치고 사찰을 중창하였던 때가 바로 이 시기로 추정된다.

다행히 「사적입안」에는 불일 보조가 사찰을 중창한 12세기 말부터 15세기 후반 사이에 건립되었던 30여 동의 건물 명칭을 언급하고 있어 당시의 가람 배치를 어렴풋이나마 짐작할 수 있다.

사찰 중간을 흐르고 있는 희지천의 북쪽에는 옛적에 지은 건물로 대웅전, 시왕라한전, 진여문, 범종루, 향로전, 좌우승선당, 동서상실, 약사전, 서전, 성현대, 월파당, 총지료, 동별마구 등이 있었다고 기록되어 있다. 북원이 완성된 뒤에 희지천의 남쪽에 지은 건물로는 영산전, 흥성루, 해탈문, 천왕문, 영자전, 향로전, 제주실, 월명당, 매화당, 낙화당, 백운당, 내외남전, 국사당, 가사당, 만경대, 응향각 등이 언급되고 있다. 한편 산내 암자로 명적암, 백련암, 은적암, 영은암 등의 명칭이 보인다. 그 이후에도 내원, 상원, 가섭대, 상청련 등이 차례로 중건되었다고 한다.

당시의 기록에서 마곡사의 가람 배치와 관련하여 몇 가지 사실을 유추할 수 있다. 첫째는 대웅전이 있는 북원이 먼저 건립되었으며 확장의 필요성에 따라 영산전을 중심으로 한 남원이 시간적 차이를 두고 건립되었다는 것을 알 수 있다. 둘째는 남원과 북원의 두 영역을 가진 마곡사의 현존 가람 배치의 원형이 여말선초에 형성되었다는 사실이다. 셋째로 「사적입안」에 언급된 당우(堂宇)의 명칭과 숫자 등을 감안하면 여말선초가 마곡사의 최전성기였음을 알 수 있다. 넷째는 북원에 진여문(眞如門)이란 별도의 문이 존재하였다는 사실이다. 진여문이란 깨달음을 여는 문이라는 의미로 여말선초에는 현재와 같이 북원의 마당이 희지천 쪽으로 완전히 개방되어 있지 않고 중정 앞에 진여문을 설치한 폐

쇄된 가람 배치였던 것으로 추정된다. 1930년대의 안동 봉정사에서도 이와 유사한 가람 배치의 예를 찾을 수 있다.

그뒤에 임진, 병자 양란을 겪으면서 문적이 망가지고 나라에서 하사한 토지 200결을 찾을 수 없을 정도로 사찰이 폐허가 되었다. 1650년에는 공주목사 이태연이 자신의 봉급을 모아 선당과 약사전을 보수하고 옛 형태로 복원하였는데 이때부터 10년 동안 각순이 사재를 털어 승당을 건립하는 불사가 있었다.

1682년에는 스님들이 힘을 모아 천불전을 중수하였다. 당시 사찰은 근심이 이어지고 인심이 흉흉해져 그 세를 보존하기 어려웠다는 「사적입안」의 기록으로 보아 병란 이전보다 가람의 규모가 축소된 것으로 추정되나 남·북원의 골격은 그대로 유지되었던 듯하다.

1782년 9월 6일에 대법당을 비롯한 1,050여 칸이 소실되는 큰 화재가 일어나고 1785년에서 1788년에 걸쳐 제봉 체규를 화주로 하여 대법당을 수리하고 삼단탱을 단청하였다. 현존하는 대부분의 건물은 이 시기에 중창이나 중수된 것으로 추정된다. 이후 18세기에는 나한전의 중창과 상원암 중창, 청련암 중건, 국사당 중창과 심검당 중건 불사가 이루어졌다.

19세기에도 계속해서 많은 당우에 대한 중창과 중수를 행하였다. 총지료 수리, 내원암 중창, 하대 중수, 월영대 불사, 영은암 중수, 매화당 수리, 은적암 중건, 영산전 법당 중수, 대광보전 중수, 홍성루 중수, 연대 개건, 해탈문 중수, 매화당 공루 수리, 청련암 중건, 나한전 중건, 대법당과 향로전 건립, 백련암 중수 등을 꾸준히 지속하였다.

20세기에 들어서는 삼국사 영당의 벽이 기울어 무너졌고 마루와 들보가 썩어 중수하였다. 또 심검당과 요사들의 기와를 교체하였고 천왕문 중수 등을 실시하였다. 현재 대광보전을 중심으로 하는 북원에는 약사전, 서전, 진여문 등이 없어지고 11채의 건물만 남아 있으며 영산전을 중심으로 하는 남원에는 내외남전, 응향각 등이 없어져 8채의 건물이 남아 있을 뿐이다. 또 절 주변에는 영은암 등 9개의 암자만 남아 있어 전성기에 비해 가람의 규모가 많이 축소되었다.

마곡사의 공간 구조

마곡사는 개울을 경계로 남북 두 개의 원(院)으로 구분되어 있다. 이처럼 하나의 사찰이 개울을 경계로 구분되는 예는 지금은 폐찰이 된 서산 보원사지가 있다. 사찰에서 두 영역을 가질 경우 이들의 관계는 포항 보경사처럼 직선상에 중첩되거나, 김제 금산사처럼 직교되거나 또는 안동 봉정사처럼 병렬되는 등의 3가지 배치가 가능하다. 마곡사에서는 두 영역을 직교축에 가깝게 배치하였는데 이러한 배치를 갖게 된 이유를 주변 지형에서 유추할 수 있다.

마곡사의 건물들은 사역 중간을 관통하는 하천과 대광보전, 영산전이 등진 산 사이에 형성된 공간에 입지하고 있다. 대광보전의 주산(主山)은 남향에 가깝고 영산전의 주산은 동향에 가깝다. 북원의 규모로 보아 영산전과 대광보전을 주불전으로 한 두 영역을 병렬 배치하기에는 장소가 협소하다. 또 영산전 일곽을 대광보전 일곽의 축에 맞추어 중첩시킬 경우에는 영산전의 배산과 일치하지 않아 전체적인 지리 체계가 맞지 않는 어색한 형태가 된다. 따라서 지형의 흐름과 건물 배치를 일치시키기 위하여 대광보전은 서남향으로, 영산전은 동남향으로 배치하는 수법을 사용하였다. 물론 두 영역이 정확하게 직각으로 만나는 것은 아니지만 직교축의 개념을 응용한 것은 알 수 있다.

영산전 일곽은 네 개의 건물과 가운데에 마당이 있는 '사동중정형(四棟中庭形)'의 전형적인 배치법을 따르고 있다.

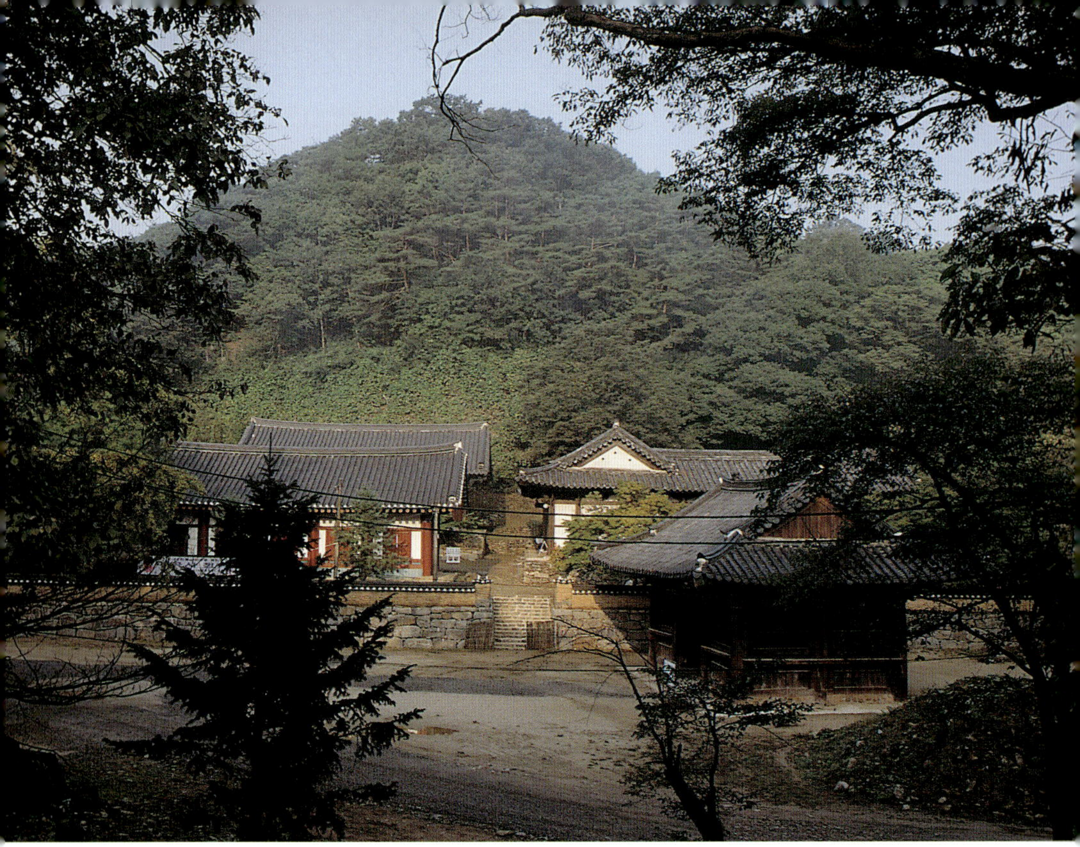

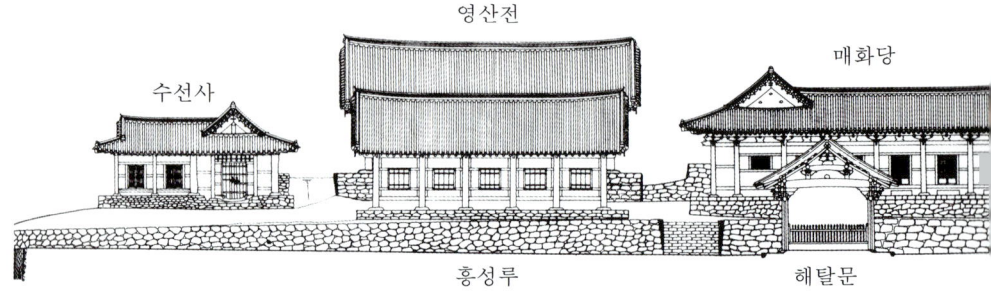

영산전

수선사

매화당

홍성루

해탈문

46 마곡사

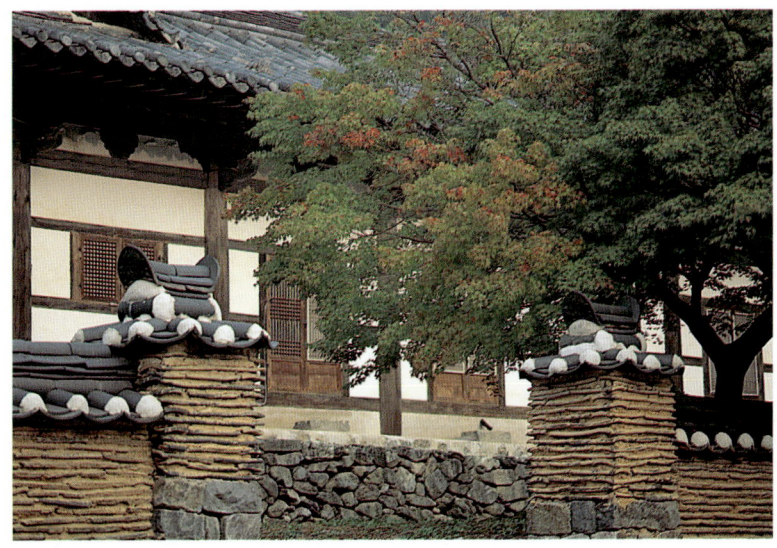

영산전 일곽과 진입로 석가모니가 영축산에서 설법하는 영산회상의 의미를 담고 있는 영산전은 수행을 상징하는 전각으로 네 개의 건물과 가운데에 마당이 있는 '사동중정형(四棟中庭形)'의 배치법을 따르고 있다(옆면). 영산전 일곽으로 들어갈 때는 평지 사찰에서 많이 활용하는 방식을 따라 홍성루와 매화당 사이의 빈 공간을 통해 우회 진입한다. (위)

영산전 일곽의 단면도(남↔북)

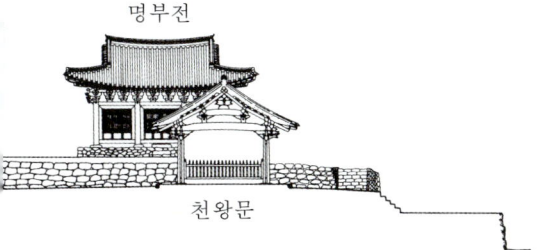

명부전

천왕문

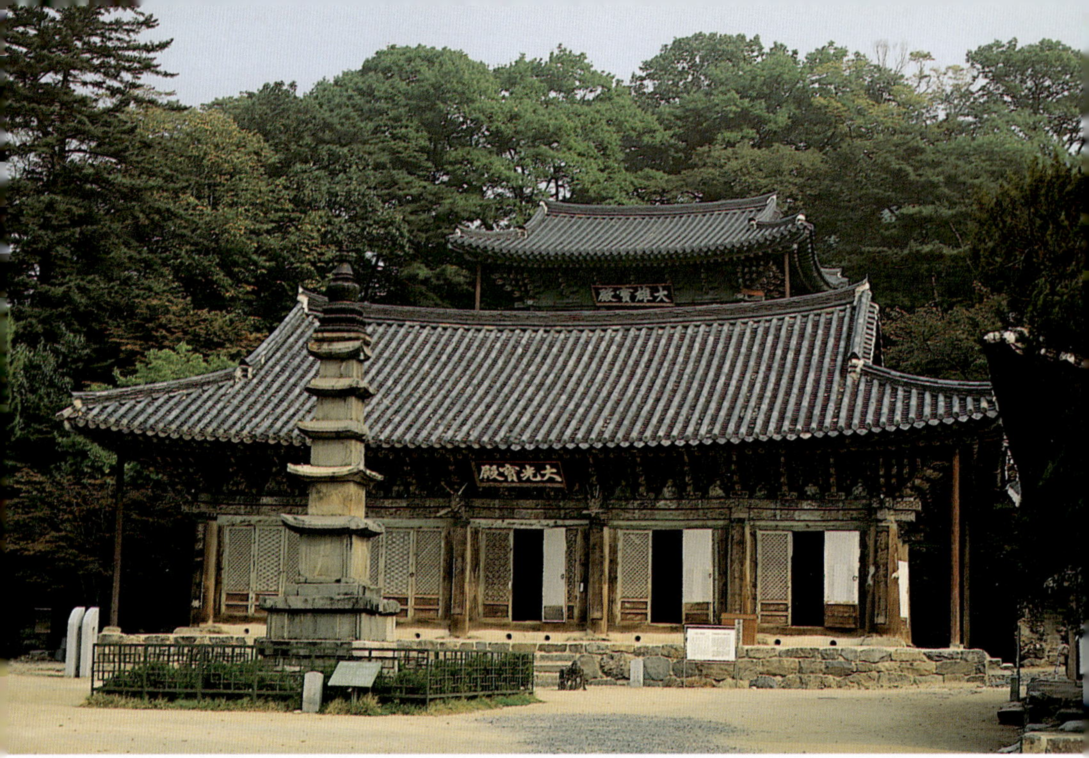

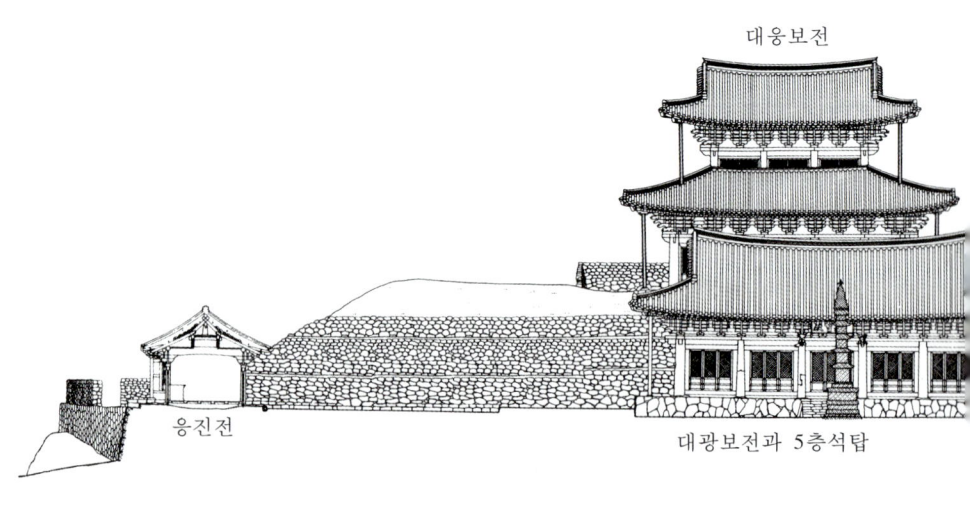

대웅보전

응진전

대광보전과 5층석탑

48 마곡사

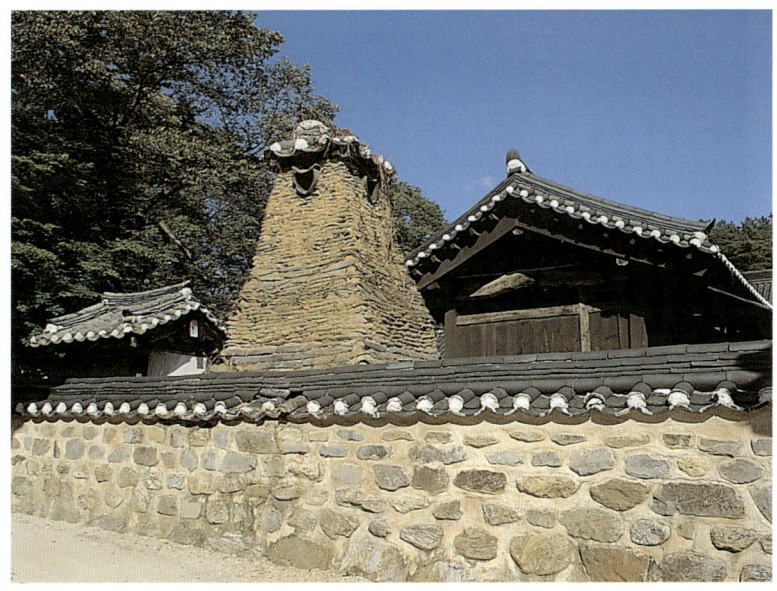

대광보전 일곽 대광보전은 화엄 사상에 근거를 둔 불전으로 대중들의 교화를 상징한다. 길게 수평으로 깔린 대광보전과 그 뒤쪽으로 중층 건물인 대웅보전의 수직적 요소가 강한 대비를 이루며 중첩되어 시야에 들어온다(옆면). 대광보전의 동쪽 담장 너머로 영각과 중층 창고의 지붕, 재래식 굴뚝이 보인다. (위)

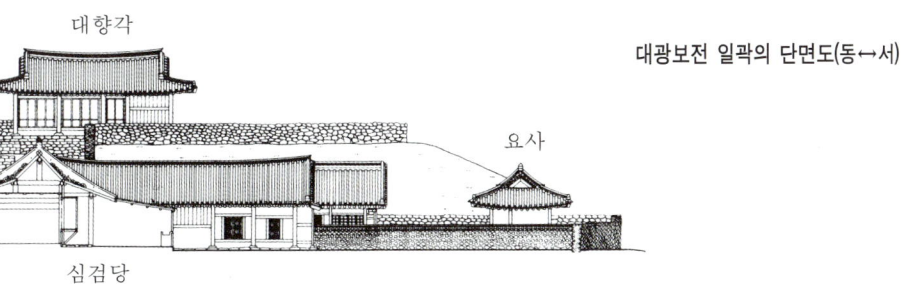

대향각

대광보전 일곽의 단면도(동↔서)

요사

심검당

즉 영산전 전면에는 마당이 형성되어 있으며 맞은편에 누각인 흥성루가 자리하고 있다. 마당의 좌우에는 선방인 수선사(修禪社)와 요사인 매화당이 서로 마주보고 있다. 흥성루는 법회 등의 목적을 충족시킬 수 있도록 영산전과 마주보는 쪽으로 벽체 없이 개방하였다. 이 건물은 이름만 누각일 뿐 실제로는 단층 건물이다.

봉정사와 같은 산지 사찰에서 지형 차이를 이용하여 누각 아래로 진입하는 방식을 채택하는 것과는 달리 높이 차이가 없는 평지에서는 누하(樓下) 진입에서 얻을 수 있는 극적인 공간감의 표출이 불가능하다. 따라서 영산전 일곽으로의 진입은 평지 사찰에서 많이 활용하는 방식을 따라 누각과 매화당 사이의 빈 공간을 통해 우회 진입하고 있다.

매화당 북쪽에는 명부전(冥府殿)이 영산전과 같은 동남향으로 앉아 있다. 하천 북쪽에 시왕라한전이 있었다는 「사적입안」의 기록으로 보아 명부전의 현재 자리는 원래의 자리가 아닌 것으로 보인다. 명부전 서쪽 산기슭에 터를 닦아 국사당을 동향에 가깝게 배치하였다.

북원에는 주불전인 대광보전을 남향으로 앉히고 전면 마당에 5층석탑을, 동서쪽에 요사 등의 부속 건물을 배치하였으며 서쪽의 전면 개울가에 바싹 붙여 응진전(應眞殿)을 동향으로 배치하였다. 대광보전 동쪽에는 심검당과 요사, 중층 창고 등 여러 채의 건물들을 밀접하게 배치하였다. 심검당 동쪽의 개울가에는 종무소를, 북쪽에는 담장으로 구분하여 영각(影閣)과 요사를 배치하였다. 대광보전 뒤쪽의 경사지를 깎아 중층 건물인 대웅보전을 건립하였으며 그 동쪽에는 대향각(大香閣)을 배치하였다. 대광보전 동쪽 일곽에는 건물들이 밀집되어 있으나 서쪽에는 응진전만 있어 개울 쪽으로 개방된 공간감을 주고 있다.

마곡사의 가람 배치에서 주목할 점은 남원과 북원의 연결에 따른 건축적 해결 방식이다. 영산전이 배치된 남원의 일곽에 북원으로 진입하는 산문(山門)인 해탈문과 천왕문이 놓여 있다. 그 첫 관문인 해탈문은

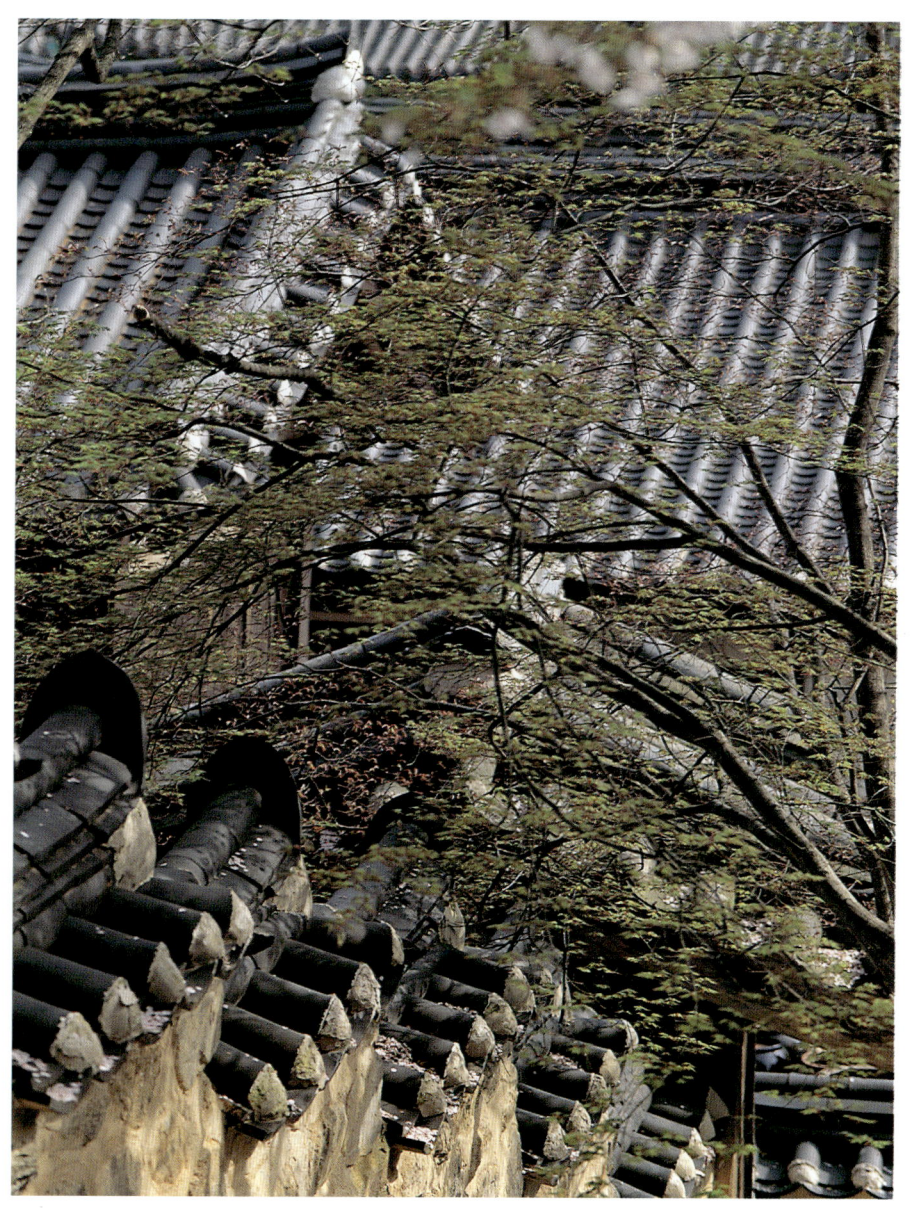

심검당 일곽의 지붕들　대광보전의 동쪽 담장 너머로 심검당과 중층 창고, 요사의 지붕들이 가지런하게 펼쳐져 있다.

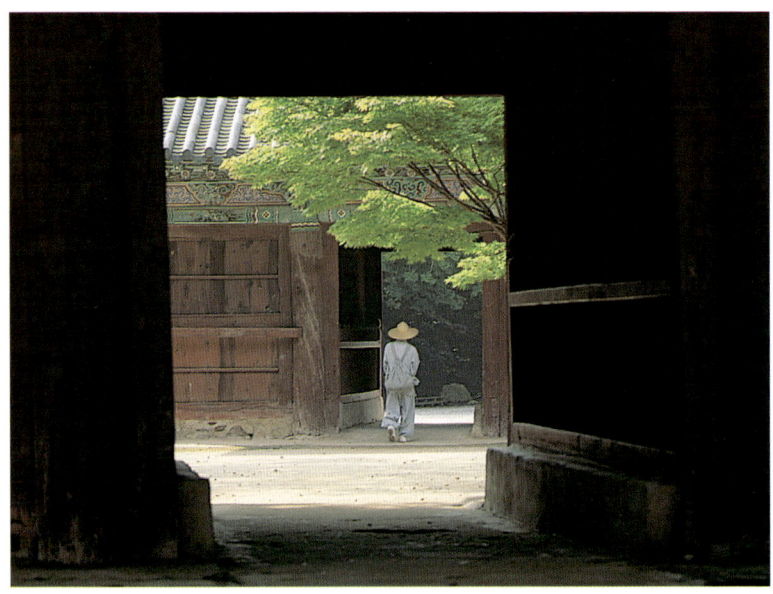

극락교에서 본 천왕문과 해탈문 해탈문에 들어서면 다음 산문인 천왕문이 서쪽으로 틀어
져 있어 북원 일곽이 한눈에 잘 들어오지 않는다.

영산전 일곽의 동선에 방해되지 않도록 매화당과 흥성루 사이의 출입
구에서 약간 북원 쪽으로 벗어난 곳에 위치한다. 산문의 위치를 적절히
잡아 영산전 일곽의 독립성을 보장하는 동시에 북원과도 연결하여 전
체가 하나의 사찰임을 암시하여 주고 있다. 사찰의 수호신장이 봉안된
천왕문은 해탈의 경지에 들어섬을 표방하는 해탈문보다 순서상 앞에
놓이는 것이 타당하나 마곡사에서는 순서가 뒤바뀐 감이 있다.

　해탈문을 기점으로 천왕문과 다리를 지나 사역에 진입하는 방식에서
수준 높은 장인의 기법을 읽을 수 있다. 곧 해탈문에 들어서면 다음 산
문인 천왕문이 서쪽으로 틀어져 있어 북원 일곽이 한눈에 잘 들어오지
않는다. 또 다리를 건너 서면 5층석탑과 대광보전, 대웅보전이 일직선

상에 위치하는 것같이 느껴진다. 그러나 실제로는 대웅보전과 대광보전, 5층석탑의 중심이 정확하게 일치하지 않고 약간씩 서쪽으로 분절(分節)되어 있는데 그 차이가 미묘하여 시각적으로 한눈에 잘 인지되지 않는다.

마곡사에서는 북원과 남원의 지형축에 차이가 있기 때문에 남원의 한쪽에서부터 치우쳐 진입을 시작할 수밖에 없다. 이때 무리하게 단선의 직선축으로 진입을 유도하면 건물들을 비스듬히 쳐다보게 되어 시각적으로 유쾌하지 못한 장면이 연출되므로 이것을 해결하기 위하여 진입축을 조금씩 꺾어서 자연스럽게 느끼도록 연출하였다.

대광보전 전면 마당에서 보면 길게 수평으로 깔린 대광보전과 그 뒤쪽으로 중층인 대웅보전의 수직적 요소가 강한 대비를 이루며 중첩되어 시야에 들어온다. 마곡사와 같이 하나의 종축선상(縱軸線上)에서 단층 건물의 수평성과 중층 건물의 수직성이 서로 대비를 이루고 있는 예는 찾아보기 힘들다. 대광보전과 대웅보전의 지붕은 서로 중첩되어 보는 이로 하여금 시각적으로 강렬한 절정에 이르게 한다.

가람 배치의 교리적 해석

석가모니가 영축산(靈鷲山)에서 설법하는 영산회상(靈山會上)을 의미하는 전각인 영산전은 수행(修行)을 상징한다. 반면에 대광보전은 화엄사상에 근거를 둔 불전으로 대중들의 교화(敎化)를 상징한다. 따라서 마곡사는 개울을 경계로 수행의 상징인 영산전 일곽과 교화를 상징하는 대광보전 일곽이 뚜렷이 구분되어 있다.

고려시대에 마곡사의 중창을 담당하였던 불일 보조는 선교일원론(禪敎一元論)의 입장에서 교를 회통하여 선으로 귀납시키려는 노력을 기울

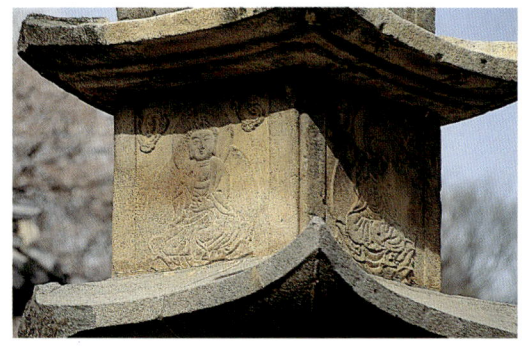

5층석탑의 사방불 사방불 개념은 밀교와도 일맥 상통하는 것으로 대광보전 앞에 있는 5층석탑 탑신에도 사방불이 새겨져 있다.

였으며 훗날 조선의 통불교(通佛敎) 운동의 초석을 마련한 분이다. 이런 관점에서 마곡사가 고려시대에 교화와 수행을 상징하는 두 영역을 함께 지닌 이유를 설명할 수 있다.

또한 상하로 이원화된 마곡사의 가람 배치는 고려시대 불화(佛畵)가 상하로 구분되어 각각 불계와 인간계를 표방하고 있는 사실과도 일맥 상통한다. 수행과 교화의 두 영역을 동시에 지닌 마곡사의 종합 사찰적인 성격은 조선시대에 불교 억제책이 시행되면서 선교 양종으로 정리된 뒤에도 마곡사가 선교 양종 대본산의 위치를 확실히 지켜 나갈 수 있었던 원동력이 된 것으로 보인다.

북원의 가람 배치를 교리적 관점에서 살펴보면 사방불(四方佛)의 개념과 연관지을 수 있다. 비로자나불을 중심으로 사방에 부처들이 배치되는 모습을 도식화한 「금강계만다라도(金剛界曼陀羅圖)」를 보면 중앙에 사방불에 둘러싸인 비로자나불이 앉아 있다. 사방불의 정확한 위치와 명칭에 대하여는 서로 다른 견해들이 있지만 마곡사의 가람 배치를 자세히 분석하여 보면 이와 부합되는 점을 추정할 수 있다. 즉 중앙의 대광보전에는 비로자나불이, 북쪽의 대웅전에는 석가모니불이 있으며 「사적입안」에 따르면 개울 서쪽의 미타전에는 아미타불이 있었다. 또

「사적입안」에서 언급된 약사전이 동쪽에 위치하였을 가능성과 개울 북쪽에 건립되었다는 시왕라한전이 대광보전의 남쪽에 배치되었을 가능성 등을 종합하여 보면 마곡사의 가람 배치에 사방불 개념이 응용되었을 가능성을 유추할 수 있다.

사방불의 개념은 밀교(密敎)와도 일맥 상통하는데 대광보전 앞에 있는 5층석탑의 탑신에도 사방불이 새겨져 있어 이런 추정을 뒷받침하여 준다. 또한 마곡사는 인접한 장곡사, 백곡사, 안곡사와 함께 4곡사(四谷寺) 체계에 속하는데 이러한 사실은 밀교의 교리 체계와도 관련이 있어 가람 배치에 사방불 개념이 원용되었을 가능성을 시사하여 준다.

한편 「금강계만다라도」는 화엄종의 '일즉다다즉일(一卽多多卽一)'의 통일 사상과도 연계된다. 따라서 마곡사는 화엄 사상과 밀교의 영향 등을 받아 대광보전을 중심으로 사방에 불전을 배치한 가람 배치를 가졌던 것으로 추정된다.

마곡사의 건물들

영산전

영산전은 사역을 가로지르는 개울 남쪽 수행 지역의 중심 불전으로 보물 제800호로 지정되어 있으며 북원의 불전들과는 달리 동향으로 놓여 있다. 건물은 정면 5칸, 측면 3칸의 규모로 정면이 측면에 비해 비교적 길어 세장(細長)한 느낌을 준다.

내부에는 'ㄷ'자형 불단을 마련하여 불상을 봉안하였다. 불단 가운데에는 석가모니불과 좌우 보처불 등 칠불(七佛)을 모셨는데 모두가 목조불이며 그 후면과 좌우 불단에는 소형 불상들을 봉안하였다. 영산전은 본래 영산회상의 모습을 재현하는 곳이기 때문에 등장하는 성중(聖衆)

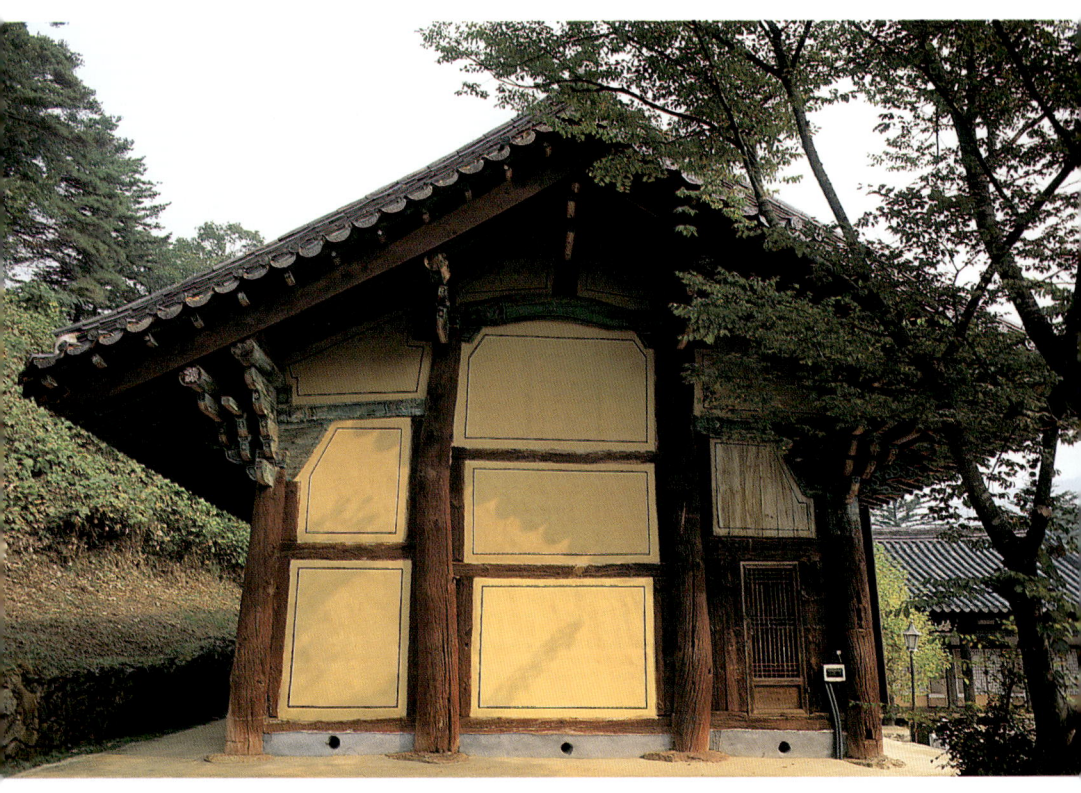

영산전의 측면 남쪽 수행 지역의 중심 불전으로 북원의 불전들과는 달리 동향으로 놓여 있다. 기둥 위에만 공포를 놓는 주심포계이며 살미 끝을 감아 올린 듯한 독특한 공포 장식에서 당시 공사를 담당하였던 장인의 독창성을 느낄 수 있다.

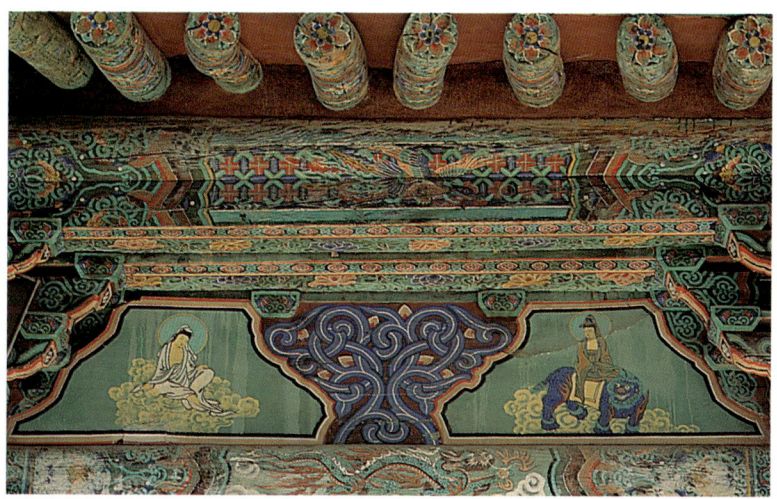

영산전 정면의 화반과 공포 벽화 기둥과 기둥 사이에 화반(花盤)을 놓아 지붕의 하중을 받쳐 주고 양 옆으로 벽화를 그려 넣었다.

이 나한이어야 하는데 영산전의 성중들은 모두 부처님이다. 따라서 영산전이란 명칭보다는 천불전이라는 표현이 더 어울린다. 이런 추정은 「천불전중수문(千佛殿重修文)」에 천불전을 중수하였다는 사실이 언급되어 있어 신빙성이 있다.

영산전은 기둥 위에만 공포(栱包, 지붕의 무게를 받치기 위하여 기둥 머리 등에 짜 맞추어 댄 나무쪽)를 놓는 주심포계(柱心包系)이며 기둥과 기둥 사이에 화반(花盤, 도리를 받치는 장여 밑에 끼우는 널 조각)을 놓아 지붕의 하중을 받쳐 주고 있다. 공포는 외 2출목(出目)으로 살미(山彌, 도리에 직교하여 받친 공포 부재) 끝을 감아 올린 듯한 독특한 모습을 하고 있다. 다른 건물에서는 이런 돋을새김[조각, 峭刻] 수법의 예를 찾기 힘들어 당시 공사를 담당하였던 장인의 독창성을 느낄 수 있다. 그러나 건물 뒤쪽의 공포는 앞쪽과 달리 마구리(목재의 길이 방향

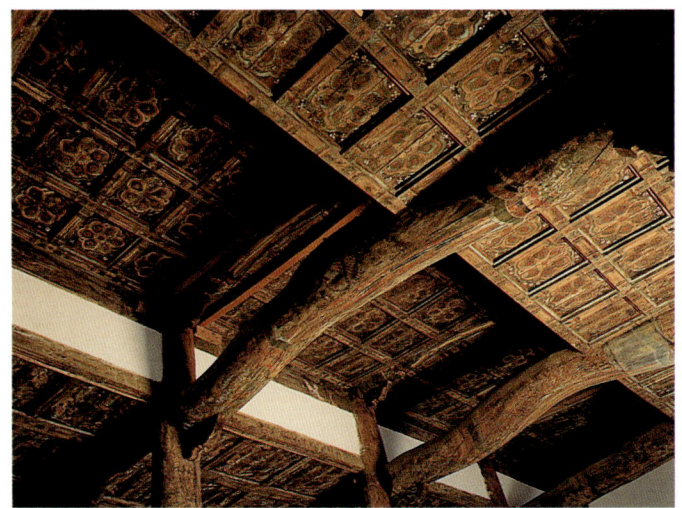

영산전 천장과 불단 천연스럽게 휜 부재를 대들보로 사용하였고 우물천장 방식으로 내진을 외진보다 한 단 높게 하였다(왼쪽). 'ㄷ'자형 불단에는 석가모니불과 좌우 보처불 등의 칠불과 소형 불상들을 봉안하였다. (아래)

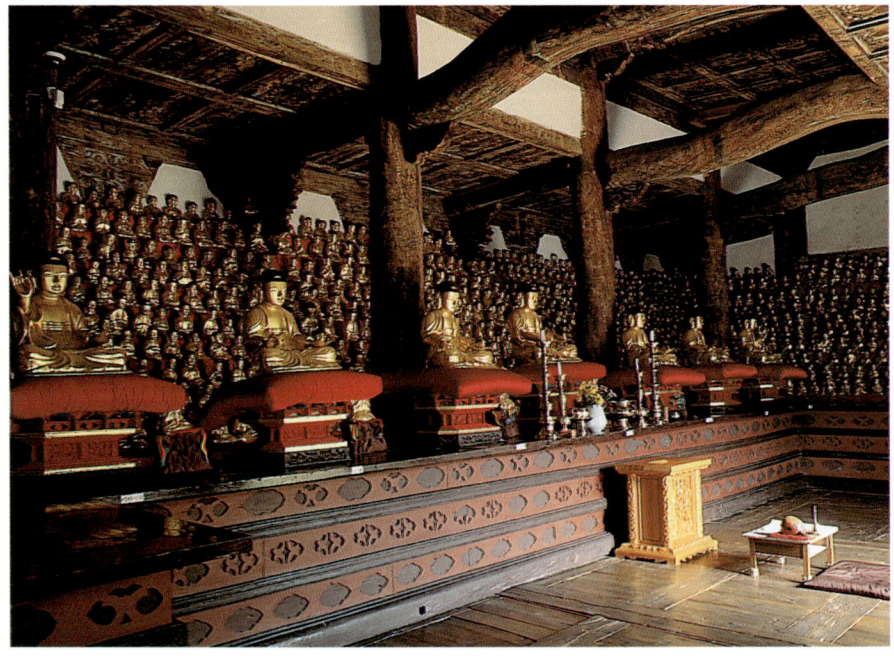

의 양끝)를 직각으로 재단한 간략한 모습으로 마감하여 정면성을 강조하였다. 지붕 처리에서도 정면성의 기법을 적용하였는데 앞쪽 처마는 부연(浮椽, 서까래 위에 덧댄 짧은 서까래)을 단 겹처마이나 뒤쪽은 서까래만 사용한 홑처마로 앞뒤를 달리 처리하였다.

가구(架構)는 내부의 고주(高柱)에, 대들보와 툇간 위에 얹은 짧은 보인 툇보(退樑)를 끼우는 방식을 이용하였다. 대들보는 천연스럽게 휜 부재를 많이 사용하였는데 휜 부분을 위로 놓아 처짐을 방지하고 있어서 당시 장인들이 부재가 지닌 역학적인 성질을 잘 활용하였음을 알 수 있다.

보통 주심포계 건물의 천장은 서까래가 드러나는 연등천장 방식으로 처리하는데 영산전에서는 다포계 건물에서 흔히 쓰는 '井' 자형의 우물천장 방식으로 구성하였고 내진(內陣)을 외진(外陣)보다 한 단 높게 처리한 층급(層級) 천장으로 마감하였다. 영산전 내부에는 고식(古式) 단청이 잘 보존되어 있다.

현재의 영산전은 양식과 기법으로 보아 대웅보전이나 대광보전보다는 이른 시기의 것으로 추정되며, 그 시기는 공주목사 이태연이 영산전을 중수한 1650년경인 것으로 보인다. 영산전 현판은 1465년에서 1487년 사이에 세조가 마곡사를 유람하였을 때 하사받은 것이라고 「사적입안」에 기록되어 있다.

대광보전

대광보전은 북원의 중심 불전으로 보물 제802호로 지정되어 있다. 네모지게 다듬은 자연석을 가지런히 쌓아 한 단의 기단을 축조하고 그 위에 건립한 정면 5칸, 측면 3칸의 장방형 건물이다. 전면 길이가 길어 불전보다는 마치 강당과 같은 느낌을 준다.

일반적인 불전에서는 불상이 건물 중앙에서 앞쪽을 바라보도록 봉안

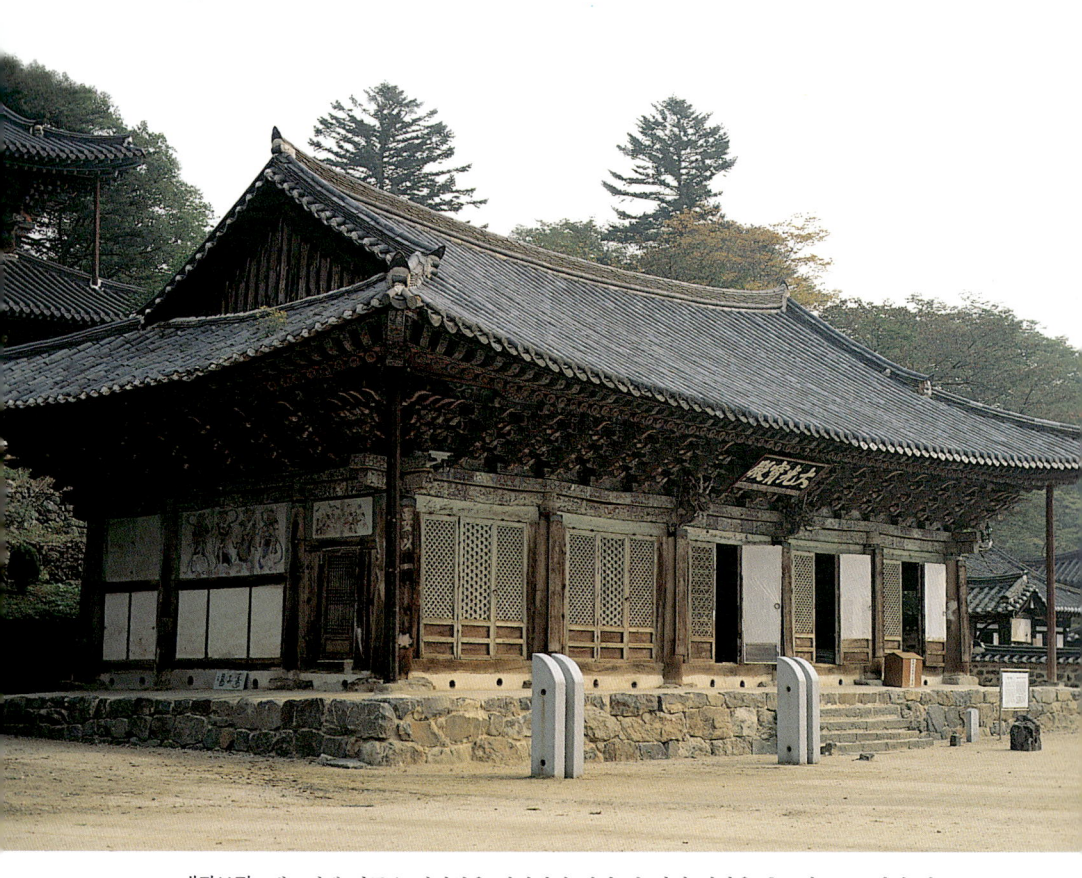

대광보전 네모지게 다듬은 자연석을 가지런히 쌓아 한 단의 기단을 축조하고 그 위에 건
립한 정면 5칸, 측면 3칸의 장방형 건물이다. 전면 길이가 길어 불전보다는 마치 강당과
같은 느낌을 준다.

공포 부재의 명칭

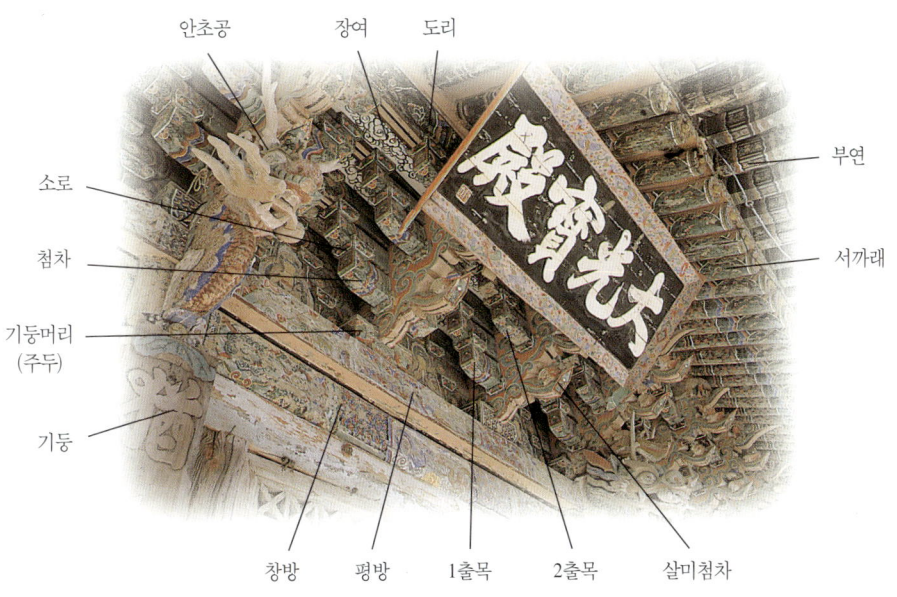

안초공　　장여　도리

소로

첨차

기둥머리
(주두)

기둥

부연

서까래

창방　　평방　1출목　2출목　살미첨차

되어 있으나 대광보전에서는 건물 왼쪽에서 오른쪽으로 즉 서쪽에서
동쪽을 바라보도록 봉안되어 있다. 그 결과 불단 앞쪽으로 법회 등을
열기에 충분히 넓은 장소가 확보되며 깊이감 있는 내부 공간이 조성되
었다. 이런 평면 구성의 예는 부석사 무량수전과 영광 불갑사 대웅전에
서도 볼 수 있다.
　건물 내부에 늘어선 기둥렬의 위치에 따라 대들보의 처리 방식을 달
리하고 있다. 즉 불단 전면의 2열은 고주를 생략하거나 1칸을 두어 대
들보를 걸었다. 반면에 불단에서 먼 3번째 열은 고주 사이에 대들보를
걸고 있다. 결과적으로 불단 전면에 넓은 공간이 형성되었다. 제멋대로

대광보전의 공포 장식

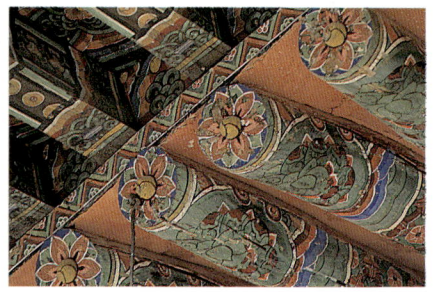

서까래와 부연의 단청

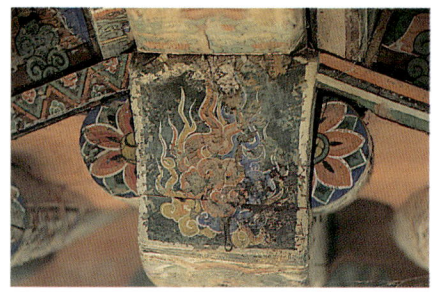

추녀 끝의 불꽃 문양

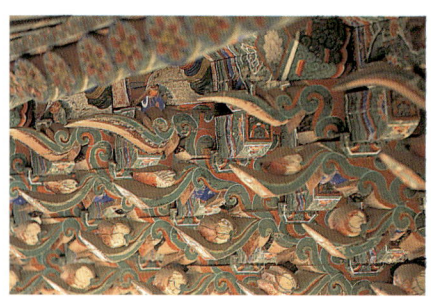

정면 공포의 연봉 살미

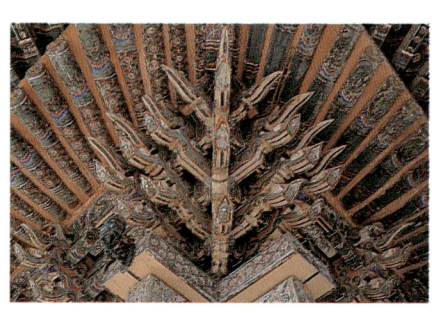

귀공포의 살미

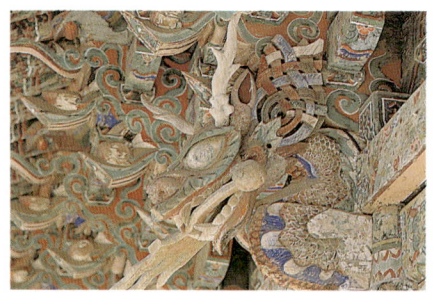

용 머리 안초공

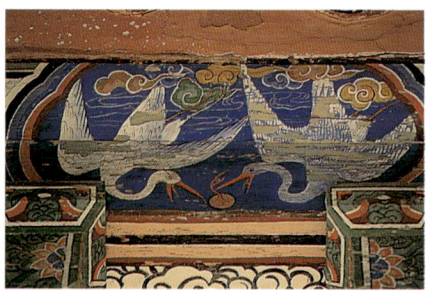

도리의 학 문양

휜 부재를 대들보로 사용하고 짧은 부재를 이어 내부 고주로 사용한 점 등으로 보아 당시의 목재 수급 사정이 원활하지 못하였던 것으로 생각된다. 내부 고주가 열지어 늘어선 모습은 장엄한 느낌을 주는데 종묘 정전의 전면 열주(列柱)가 대표적이다. 그러나 대광보전에서는 기둥을 적절히 생략하는 감주법(減柱法)과 자연스럽게 휜 만곡재(彎曲材)를 사용하여 내부가 오히려 생동감 있고 변화 있는 공간으로 변모하였다.

바닥에는 다른 불전에서는 보기 드문 참나무로 만든 삿자리가 깔려 있다. 전설에 의하면 어떤 앉은뱅이가 마곡사에 찾아와 자신의 불구를 낫게 해달라고 비로자나불에 백일기도를 드리면서 정성껏 삿자리를 짰다고 한다. 기도가 끝날 무렵 삿자리가 완성되었고 앉은뱅이는 부처님의 자비로 자신도 모르게 일어서서 법당문을 걸어 나갔다고 한다.

대광보전 공포도 영산전처럼 정면성을 강조하였다. 즉 전면과 측면 공포의 살미는 연꽃봉오리로 장식하였으나 뒤쪽은 마구리를 직각으로 재단하여 간략하게 마감하였다. 공포를 만들 때 정면성을 강조한 의장 기법은 익산 숭림사 보광전 등 조선 중기 이후의 사찰 불전에서 흔히

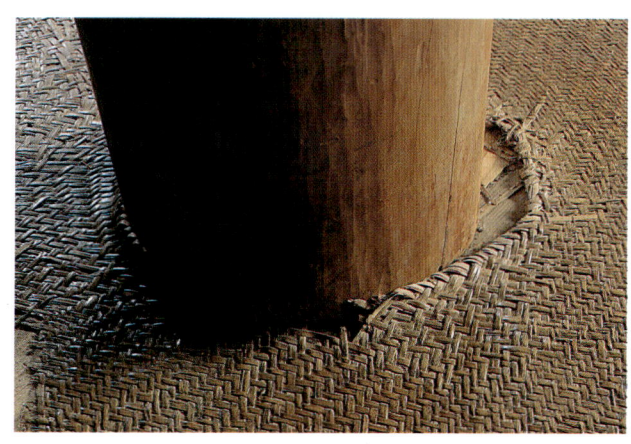

대광보전 바닥의 삿자리　대광보전의 바닥에는 어떤 앉은뱅이가 비로자나불에게 백일기도를 드리면서 정성껏 짰다고 하는 참나무 삿자리가 깔려 있다.

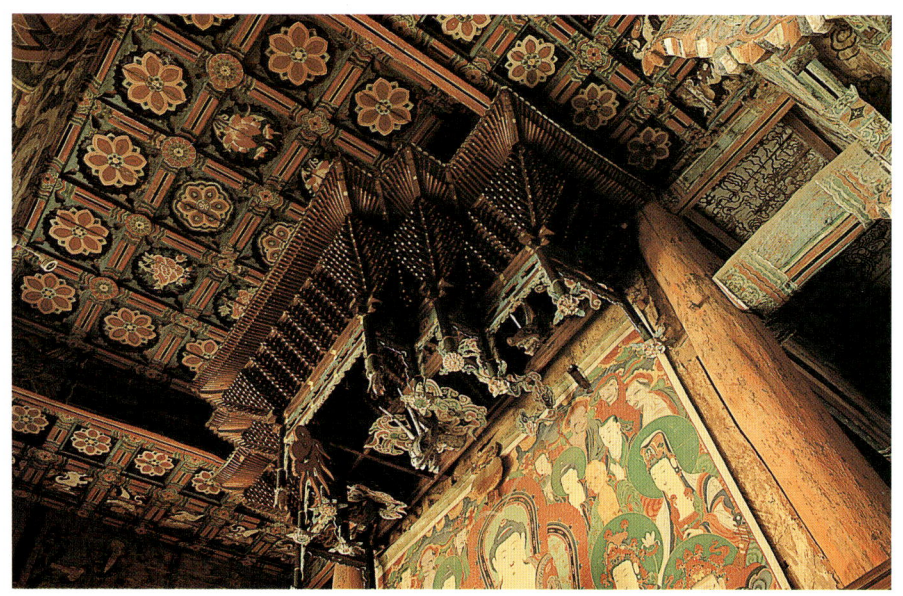

쌍아자형의 닫집 빈틈없이 꽉 짜인 공포와 구름을 타고 하늘로 오르는 용, 기둥 사이를 장식한 돋을새김(낙양각) 등으로 화려하게 장식하였다.

관찰된다. 전면 중앙의 어간 기둥머리에는 주심포를 받치기 위하여 용 모양의 안초공(按草工, 기둥 위에 넓적하게 가로로 얹는 평방에 직교하게 끼우는 부재)을 돋을새김 하였다. 또 모서리 공포도 용 머리로 장식하였는데 이런 수법은 조선 후기의 장식적 경향을 잘 나타내고 있다.

비로자나불 위에는 다포계 건물을 모방한 쌍아자형(雙亞字形)의 닫집 (궁궐의 법전이나 법당의 불좌 위에 장식으로 만들어 다는 집의 모형)이 설치되었다. 닫집은 빈틈없이 꽉 짜인 공포와 구름을 타고 하늘로 오르는 용, 기둥 사이를 장식한 돋을새김(낙양각) 등으로 화려하게 장식하였다. 천장은 다포계 불전의 격식에 맞게 우물반자를 사용하였고 내진을 주변보다 한 단 높은 층급 천장으로 마감하였다.

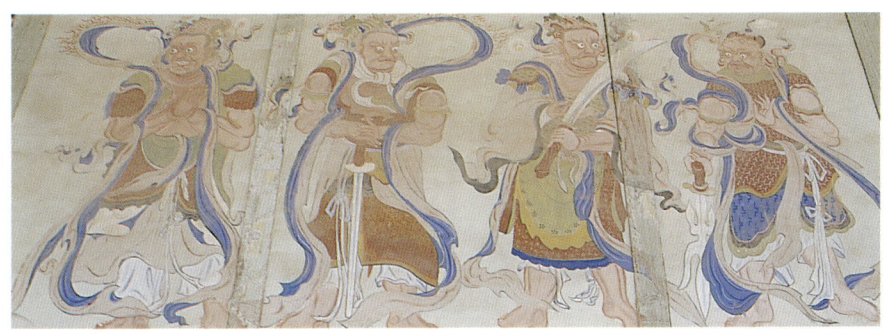

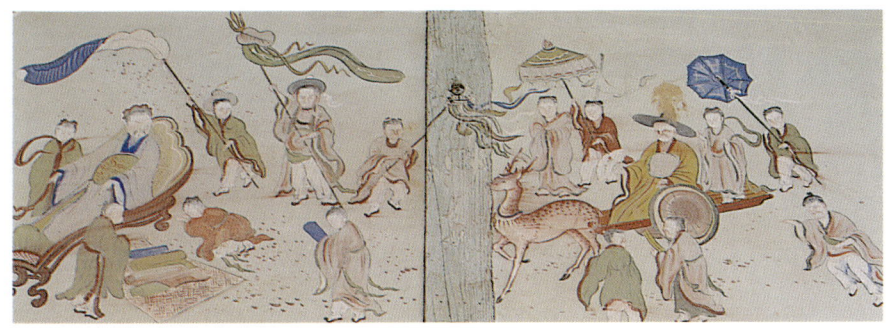

대광보전 측면의 벽화 남방 화소인 마곡사는 대대로 많은 화승을 배출하였으며 이를 반영하듯 건물 내외부에 금강역사(맨 위)와 인물도(위) 등 많은 그림들이 그려져 있다.

    남방 화소인 마곡사는 대대로 많은 화승을 배출하였으며 이를 반영하듯 건물 내외부에 많은 그림들이 남아 있다. 그 가운데 가장 뛰어난 작품은 대광보전 불단 뒤쪽 벽에 그려진 수월백의관음보살도로 18세기 후반 조선 회화의 특징이 그대로 살아 있는 작품이다. 이외에도 포벽에는 화초도가, 내외 벽체에는 인물도 등이 가득 베풀어져 있다.

    대광보전은 1782년의 대화재 사건부터 비로소 「사적입안」에 언급되기 시작하였기 때문에 그 이전의 건물 변천에 관하여는 자세히 알 수 없다. 다만 「연기약초」에서 마곡사를 창건할 때 비로자나불을 본존불로

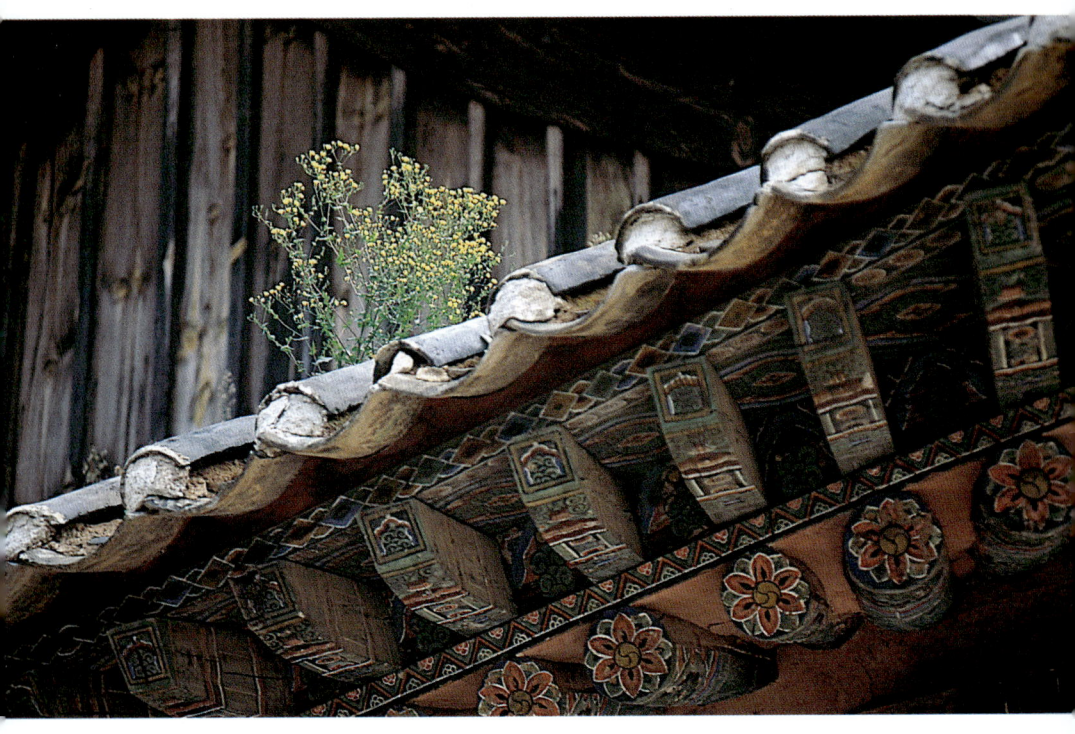

대광보전 지붕 위에 핀 꽃 오랜 역사만큼이나 고풍스런 모습을 간직하고 있는 대광보전의 지붕 위에 이름모를 꽃이 피어 있다.

모신 법당인 대적광전을 세운 것처럼 언급하고 있으나 확인할 길이 없다. 「사적입안」에는 대광보전이 1782년에 화재로 소실되어 무신년 (1788)에 대법당 개건과 탱화 단청을 완료한 것으로 언급되어 있다. 이 기록은 대광보전 후불탱에 있는 1788년 무신(戊申) 화기(畵記)와도 일치하므로 대광보전은 1788년에 중창된 건물로 판단된다.

한편 대광보전의 현판은 당시 시문서화 사절로 손꼽히던 표암 강세황의 글씨이다. 표암의 향저(鄕邸)가 이웃 고을인 풍세에 있었으므로

18세기 화재 후 개건이 완성된 때에 글씨를 써준 것으로 생각하면 건물 중창과 화기, 현판 등이 모두 18세기 후반인 1788년경으로 시기가 일치한다.

대웅보전

대광보전 뒤쪽의 언덕을 깎아내어 조성한 대지에 보물 제801호인 대웅보전이 세워져 있다. 좁은 대지에 꽉 들어차 있어 다소 협소한 느낌을 주지만 정면 5칸, 측면 4칸의 아래층과 정면 3칸, 측면 3칸의 위층으로 이루어진 중층 건물이다. 인근의 무량사 극락전처럼 위층의 툇간 한 칸을 체감한 온칸물림 방식으로 처리되었으나 위아래층의 체감률이 지나치게 크고 건물 규모에 비해 대지가 협소하여 원래부터 중층 건물로 축조하였는지는 의문시된다.

건물 내부는 경복궁 근정전처럼 위아래층이 개방된 통층 구조이지만 이층 가구법을 중층 건물의 일반 법식과 다르게 처리하였다. 온칸물림 방식의 중층 건물에서는 아래층 고주가 그대로 위층까지 연결되어 위층의 기둥 역할을 하는 것이 일반적이다. 그러나 대웅보전 측면에서는 아래층 기둥 위에 멍에창방(기둥 사이에 걸쳐 대는 수평 보강재)을 놓아 위층 기둥을 지탱하는 방식으로 결구하였다. 그 결과 측면에서 보면 위아래층의 기둥렬이 일치하지 않는다. 이런 가구법은 일본 호류사(法隆寺) 금당처럼 위아래층을 고주로 연결하지 않고 각각의 짧은 기둥을 차례로 쌓아서 적층식(積層式)으로 연결할 때 주로 사용한다.

한편 팔작집에서 정면과 측면에 협간을 만들 때에는 중심의 칸을 같이 설정하는 것이 가구를 구성하는 데 유리하나 대웅보전에서는 정면과 측면 협간의 길이가 서로 다르다. 그 결과 위층 추녀가 45도 방향에서 벗어나므로 자연히 추녀를 받치는 기둥인 활주(活柱)는 아래층 추녀마루에서 벗어난 곳에 위치하게 되었다.

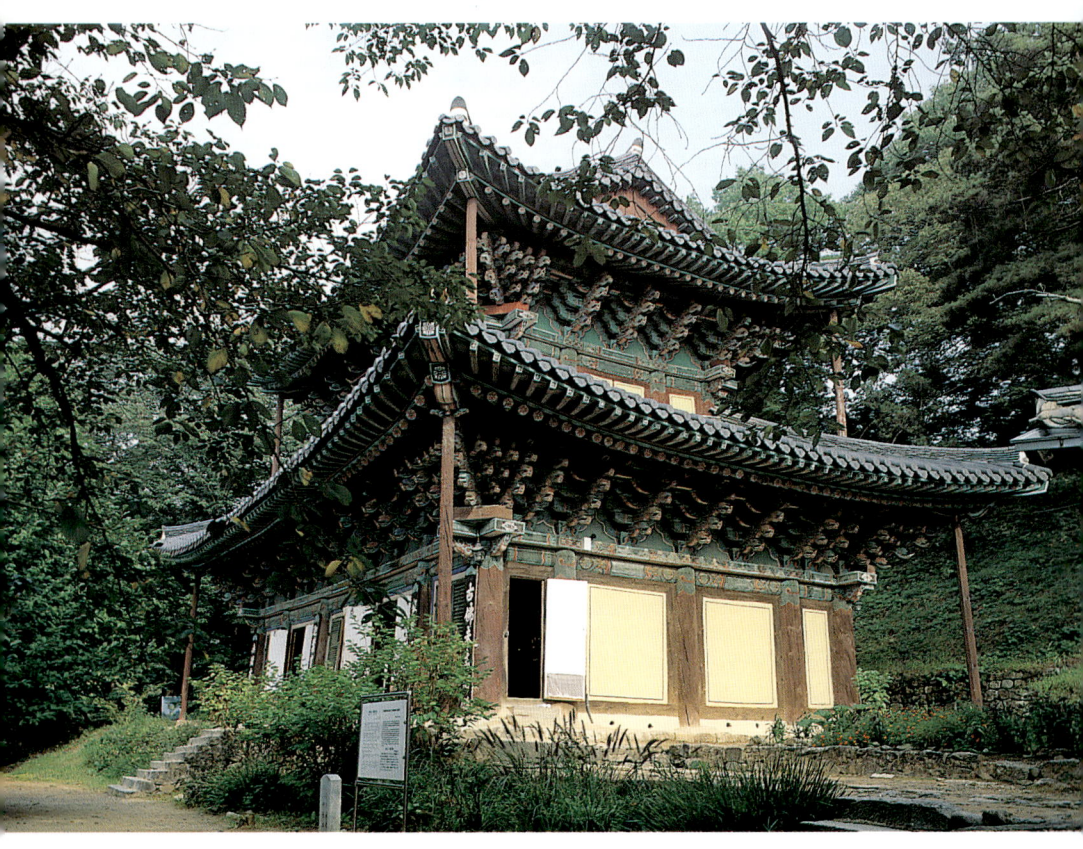

대웅보전 위층의 툇간 한 칸을 체감한 온칸물림 방식으로 처리하였으나 위아래층의 체감률이 지나치게 크고 건물 규모가 대지에 비해 협소하다.

공포는 위아래층 모두 내외 3출목으로 되어 있다. 일반적으로 공포는 짤막한 사각의 나무토막을 십자로 교차시킨 것이 기본 단위인데 이때 좌우에 있는 것을 첨차(簷遮), 앞뒤 방향에 있는 것을 살미라고 한다. 마곡사 대웅보전의 살미에는 연꽃을 돋을새김 하였는데 이는 조선 후기의 법식이다. 조선 초기에서 중기에 이르는 다포계 공포에서는 첨차 바닥에 돋을새김을 하지 않지만 대웅보전에서는 일부 첨차 바닥에 돋

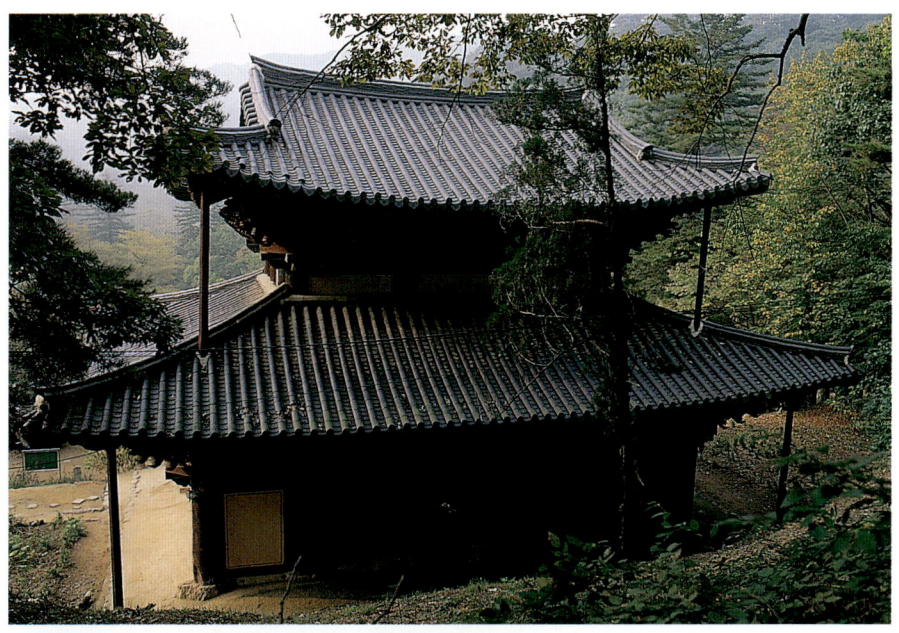

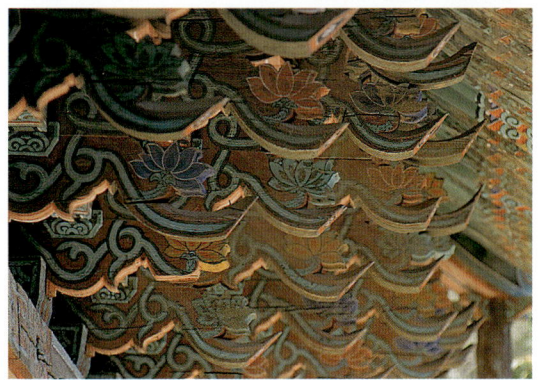

대웅보전의 뒤쪽 전경 정면과 측면 협간의 길이가 서로 다른 결과로 위층 추녀가 45도 방향에서 벗어나 있어 추녀를 받치는 기둥인 활주가 아래층 추녀마루에서 벗어난 곳에 위치하게 되었다(위). 공포의 살미에는 연꽃을 돋을새김 하였다. (왼쪽)

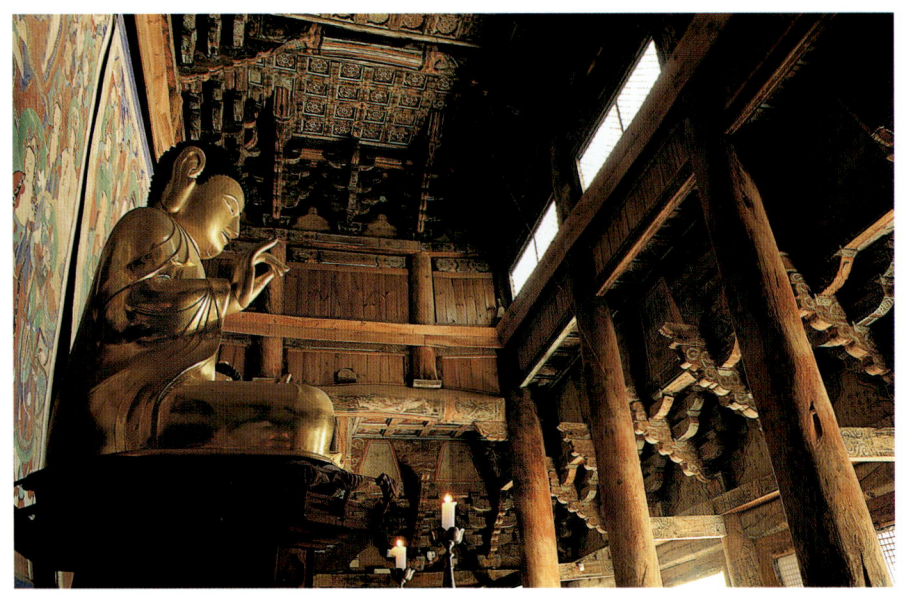

대웅보전의 내부 측면에서는 아래층 기둥 위에 멍에창방(기둥 사이에 걸쳐 대는 수평 보강 재)을 놓아 위층 기둥을 지탱하는 방식으로 결구하였다.

을새김을 하는 등 조선 후기의 특징이 잘 나타나 있다.

　건물 내부의 위아래층을 막지 않고 터 놓았으며 온칸물림 방식으로 체감하여 내부 공간의 수직 상승감을 더하고 있다. 내부 단청은 비교적 오랜 기법을 유지하고 있으나 외부 단청은 1985년에 새로 칠하였다.

　불단을 바라볼 때 왼쪽에는 서방의 아미타여래를, 오른쪽에는 동방의 약사여래를, 중앙에는 석가모니불을 모셨으며 모두 목불이다. 이 불상들의 양식을 보아 조선 후기의 것으로 추정된다.

　1985년 해체 공사중에 발견된 암막새에는 '강희 2년 계축 오월(1663 년), 강희 34년 을해(1695년), 건륭 27년 임오 3월(1762년)'의 제작 연대가 기록되어 있으나 본래부터 이 건물에 사용된 것인지는 확실치 않

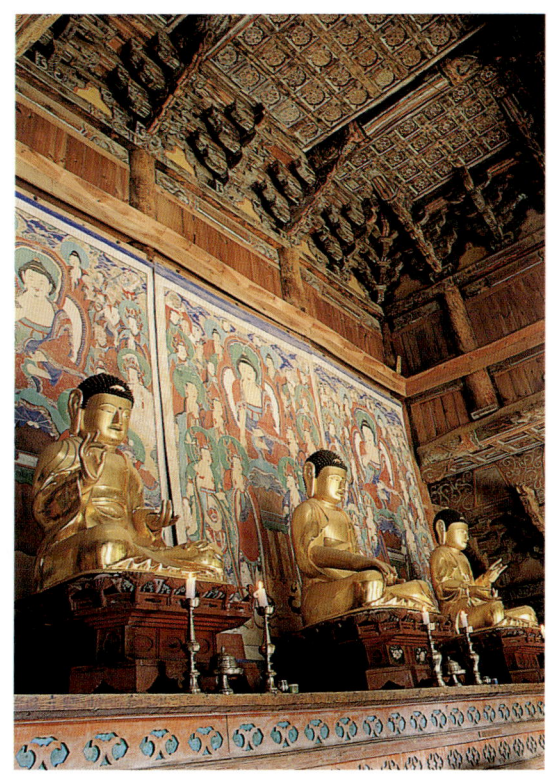

대웅보전의 불단 왼쪽에 서방의 아미타여래를, 오른쪽에 동방의 약사여래를, 중앙에 석가모니불을 모셨으며 모두 목불이다.

다. 1782년 9월 6일 마곡사에 큰 화재가 발생하여 대법당을 비롯한 1,050여 칸의 전각이 소실되어 1785년에서 1788년에 걸쳐 중수하였다는 「사적입안」의 기록으로 보아 18세기 후반에 현재의 대웅보전을 중수한 것으로 추정된다. 그 후 1831년에 대웅보전 아래층을 중수하였으며 1985년에 보수 공사를 실시하여 오늘에 이른다.

해탈문

불교의 우주관에 따르면 수미산(須彌山) 정상에는 제석천왕(帝釋天

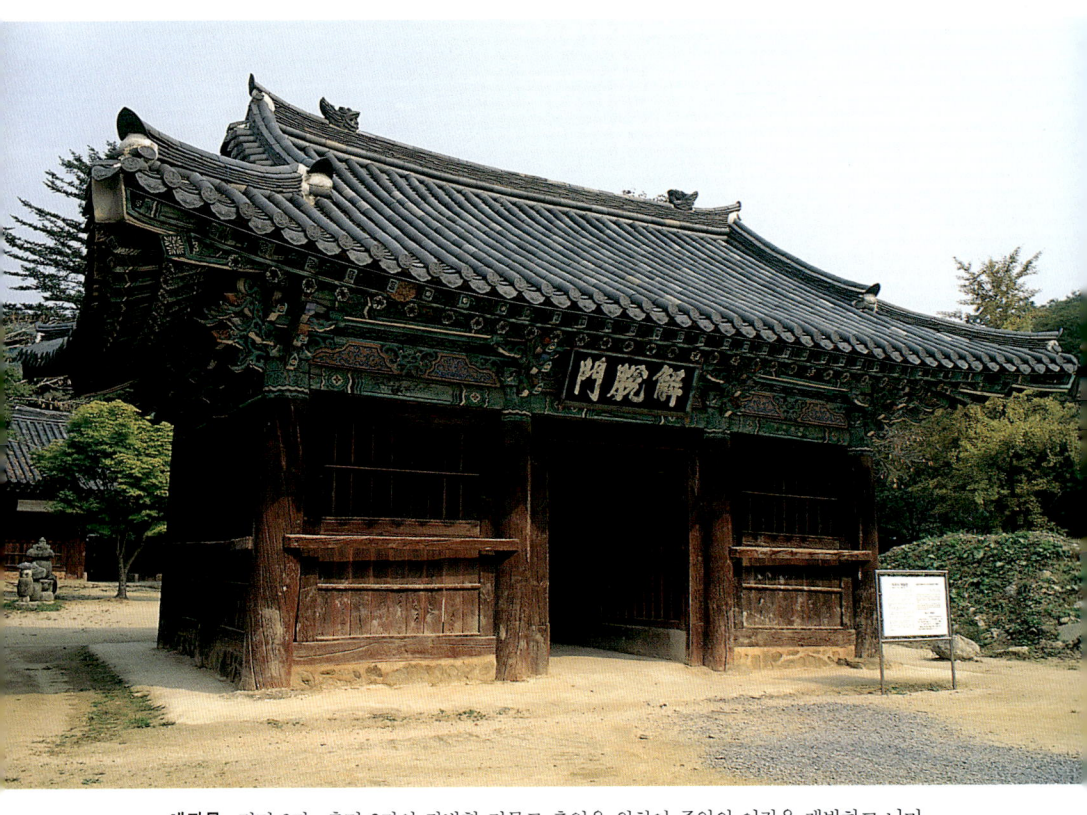

해탈문 정면 3칸, 측면 2칸의 장방형 건물로 출입을 위하여 중앙의 어간을 개방하고 나머지는 판장벽(板張壁)으로 막아 마감하였다.

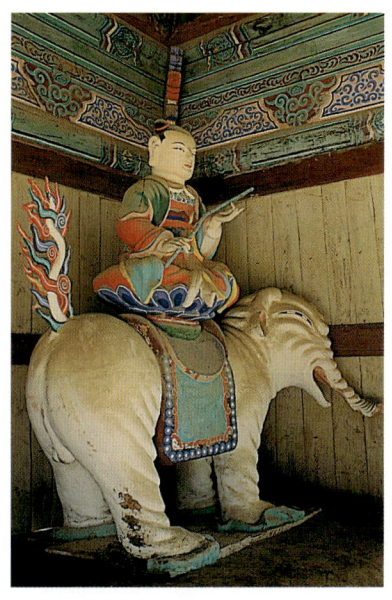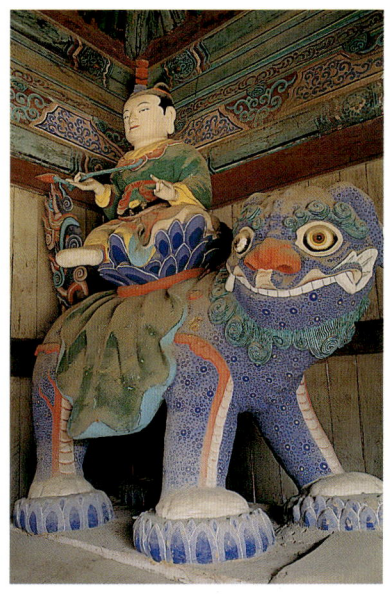

보현동자와 문수동자상 좌우 협간에 홍살대를 꽂아 출입 통로와 구분하고 코끼리를 타고 있는 보현동자상(왼쪽)과 사자를 타고 있는 문수동자상(오른쪽)을 봉안하였다.

王)이 다스리는 도리천(忉利天)이 있고 그곳의 경계에 불이문(不二門)이 있다고 한다. 그 문을 들어서면서부터 속계를 벗어나 법계에 들어가게 되며 이는 곧 해탈의 경지를 상징한다.

해탈문은 정면 3칸, 측면 2칸의 장방형 건물이며 다른 사찰의 산문과 마찬가지로 출입을 위하여 중앙의 어간을 개방하고 나머지는 널판으로 된 벽인 판장벽(板張壁)으로 막아 마감하였다. 좌우 협간에는 홍살대를 꽂아 출입 통로와 구분하였으며 금강역사 2구와 문수·보현동자상을 봉안하였다.

해탈문의 공포는 출목을 하나 둔 익공식(翼工式, 새부리 형태의 간략한 공포)이며 살미 외단에 연봉이나 연꽃을 얹어 조선 후기의 장식적

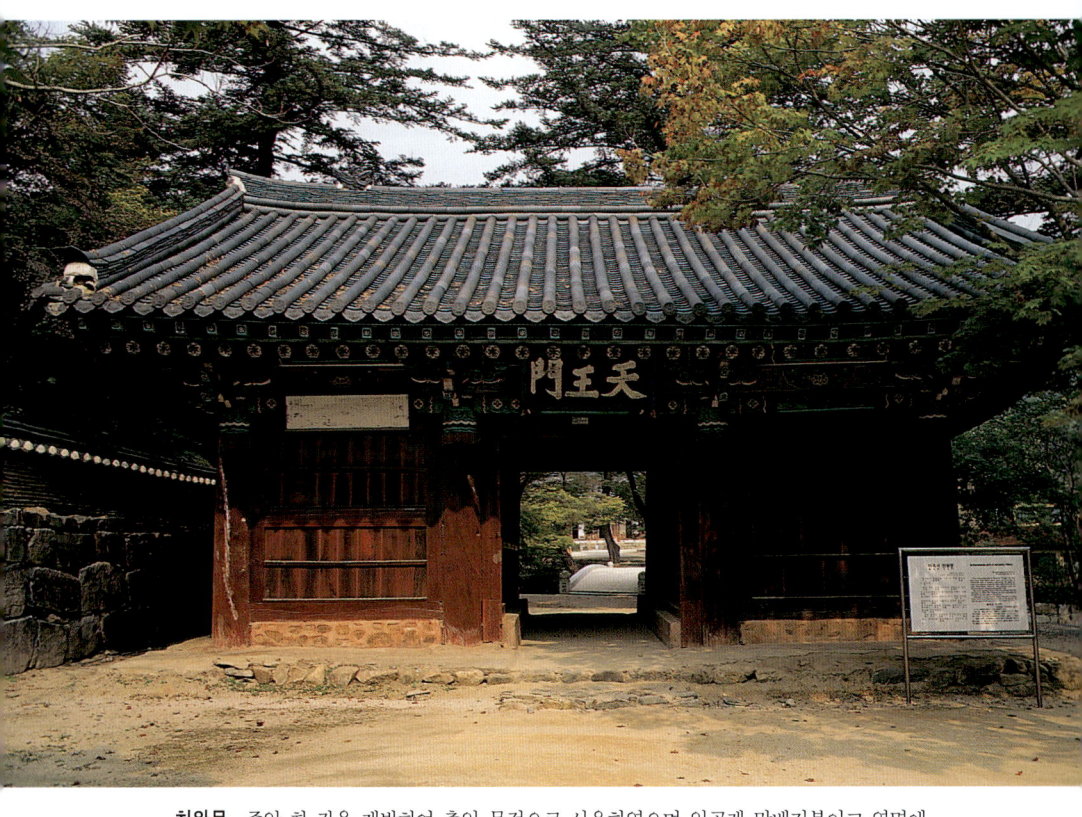

천왕문 중앙 한 칸을 개방하여 출입 목적으로 사용하였으며 익공계 맞배지붕이고 옆면에는 바람막이판인 풍판을 대었다.

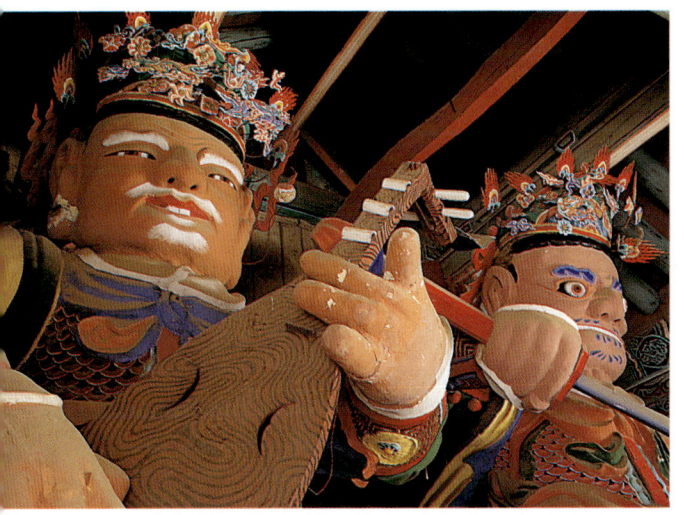

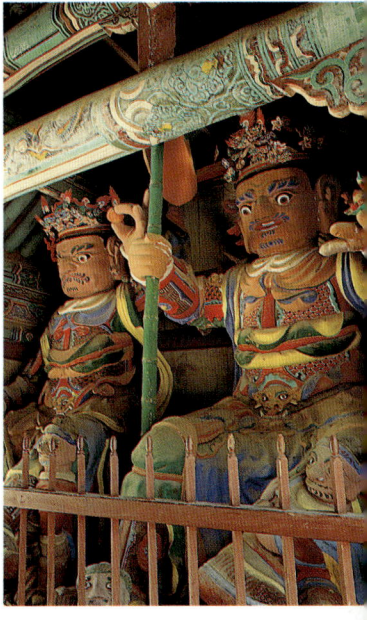

사천왕상 천왕문의 서쪽에는 동방 지국천왕(위 왼쪽)과 남방
증장천왕(위 오른쪽)을, 동쪽에는 서방 광목천왕(옆 오른쪽)
과 북방 다문천왕(옆 왼쪽)을 봉안하였다.

경향을 보여 준다. 내부 천장은 반자(따로 바르거나 막아서 바닥을 편평
하게 만든 천장)가 없는 연등천장으로 처리하여 가구를 그대로 노출하
고 있다.

「사적입안」에 따르면 1846년에 화주 정순(淨順)이 중수하였으며 그뒤
에도 1910년 6월에 중수한 사실이 전각 내부의 편액에 기록되어 있다.

천왕문

사천왕은 고대 인도의 신이었으나 석가모니께 귀의하여 수미산 중턱
에서 사방을 지키는 불법(佛法)의 수호신이 되었다. 따라서 천왕문의
존재는 사천왕이 청정 도량인 사찰을 온갖 위험에서 지킨다는 것을 상
징한다.

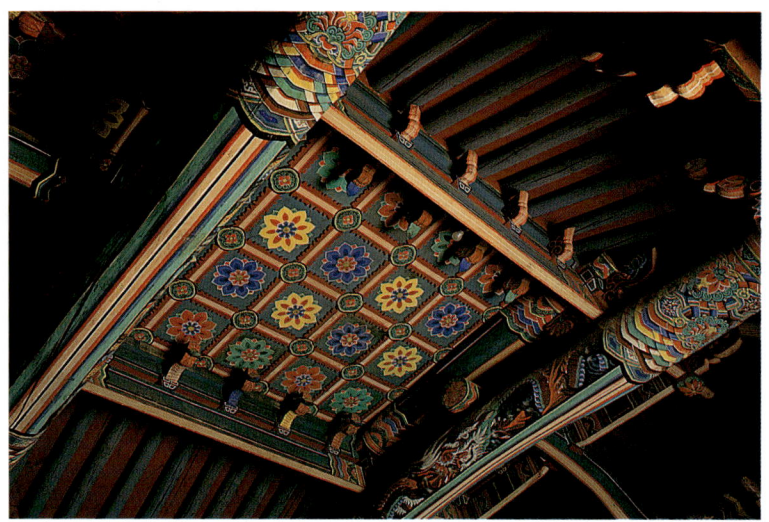

명부전의 천장 서까래를 받치기 위하여 동자기둥 중간에 가로로 얹는 중도리 사이에만 우물천장을 만들고 나머지는 연등천장으로 처리하였다.

건축 양식은 익공계 맞배지붕이며 옆면에는 풍판(風板, 맞배지붕의 마구리면에 대는 바람막이판)을 대었다. 기둥 위의 공포는 1출목의 간략한 익공이다. 천왕문은 해탈문과 같이 중앙 한 칸을 개방하여 출입 목적으로 사용하고 있으며 서쪽에는 동방 지국천왕(持國天王)과 남방 증장천왕(增長天王)을, 동쪽에는 서방 광목천왕(廣目天王)과 북방 다문천왕(多聞天王)을 봉안하였다. 「천왕문중수기(天王門重修記)」에 따르면 해탈문과 함께 1910년에 중수하였다고 한다. 1910년에 건물을 보수할 때 단청을 새로 고쳐 칠하였다.

명부전

명부전은 정면 3칸, 측면 2칸 규모의 건물로 다포계 팔작 양식이다.

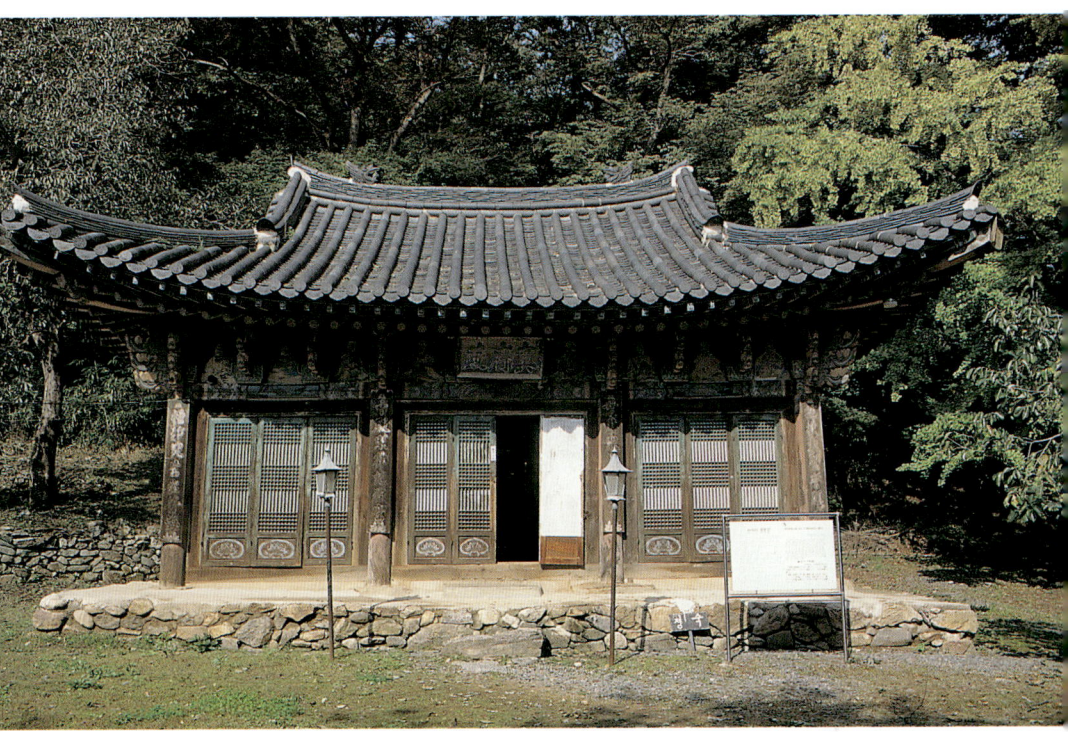

명부전 고통 받는 중생을 구제하는 지장보살을 봉안하고 있는 명부전은 정면 3칸, 측면 2칸 규모의 건물로 다포계 팔작 양식이다.

건축 양식은 기둥 사이에도 공간 포를 두 조(組)씩 설치한 다포계이나 세부 수법에서는 익공계 요소도 혼합되어 있다. 공포의 살미에는 19세기의 건축 양식을 모방하여 연봉과 연꽃으로 돋을새김 하였다.

건물 내부에는 고통 받는 중생을 구제하는 지장보살(地藏菩薩)을 중앙 불단에 봉안하고 그 좌우에 'ㄷ'자형의 불단을 만들어 저승의 심판관인 시왕(十王)을 봉안하였다.

서까래를 받치기 위하여 천장의 동자기둥 중간에 가로로 얹는 중도

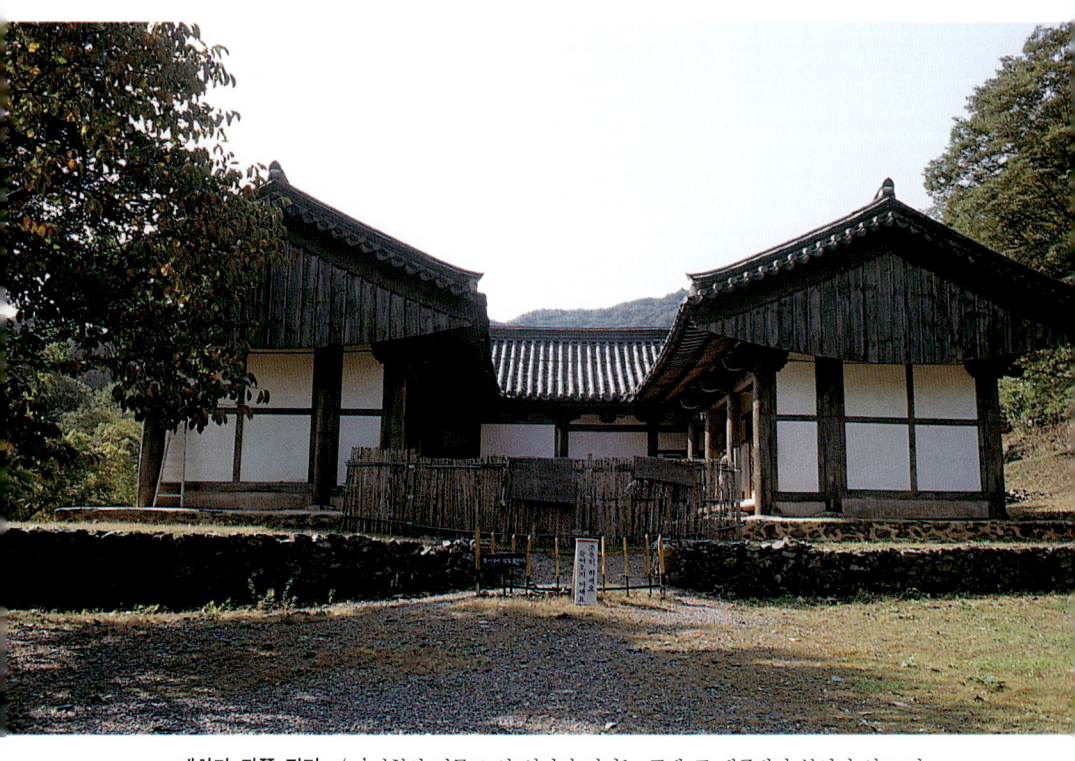

매화당 뒤쪽 전경 'ㄷ'자형의 건물로 양 익사가 만나는 곳에 큰 대중방과 부엌이 있고 좌우 익사에는 방들을 배치하였다.

리 사이에만 우물천장을 만들었고 나머지는 연등천장으로 처리하였다. 「명부전창건기(冥府殿創建記)」에 따르면 1939년에 명부전을 창건하였다고 한다.

매화당

영산전 앞 마당 동쪽에 자리하고 있는 매화당은 스님들의 요사용 건물로 1983년에 신축하였다. 건물은 'ㄷ'자형으로 양 익사(翼舍, 주요 건물의 좌우로 뻗어 있는 부속 건물)가 만나는 곳에 큰 대중방과 부엌이 있고 좌우 익사에는 방들을 배치하였다.

조선 후기 양식을 모방하여 연봉과 연꽃으로 장식한 익공을 사용하였으며 팔작지붕의 양식이다.

흥성루

누각은 본래 법회나 기타 행사를 할 때 예불 공간으로 쓰이던 이층 건물이지만 마곡사에서는 평지라는 지형적인 특성을 감안하여 단층 건물로 처리하였다. 흥성루는 정면 5칸, 측면 3칸의 규모이며 전면 벽체에 널문〔板門〕을 설치하였다. 영산전을 바라보는 쪽의 벽체는 창호를 두지 않고 개방하였다. 바닥에는 우물마루를 깔았으며 천장은 연등천장으로 처리하여 내부 가구가 그대로 노출된다.

대들보와 종보〔宗樑〕 등은 약간 휜 나무를 적절히 활용하였다. 끝을 둥글게 돋을새김 한 익공계 건축 양식을 사용하였으며 맞배지붕이다. 대들보와 기둥 사이는 홍예형(虹霓形, 아치형) 부재로 보강하였고 옆면 벽체에도 가새재(대각선 방향의 보강재)를 결구하였으나 전통적인 기법은 아니고 중수할 때 변형된 듯하다.

1844년에 중수하였다는 「사적입안」의 기록으로 보아 18세기 말에서 19세기 초반의 건물로 추정된다.

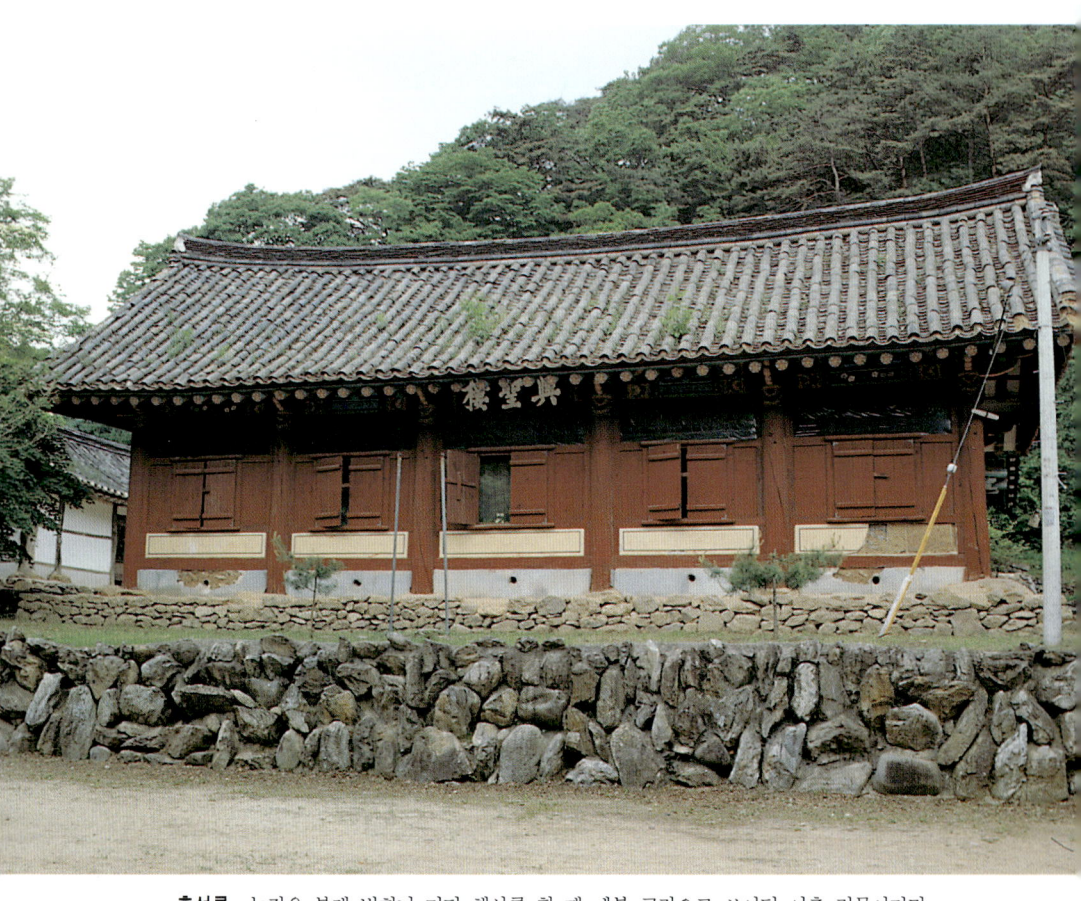

흥성루 누각은 본래 법회나 기타 행사를 할 때 예불 공간으로 쓰이던 이층 건물이지만 마곡사에서는 평지라는 지형적인 특성을 감안하여 단층 건물로 처리하였다. 사진 김봉건.

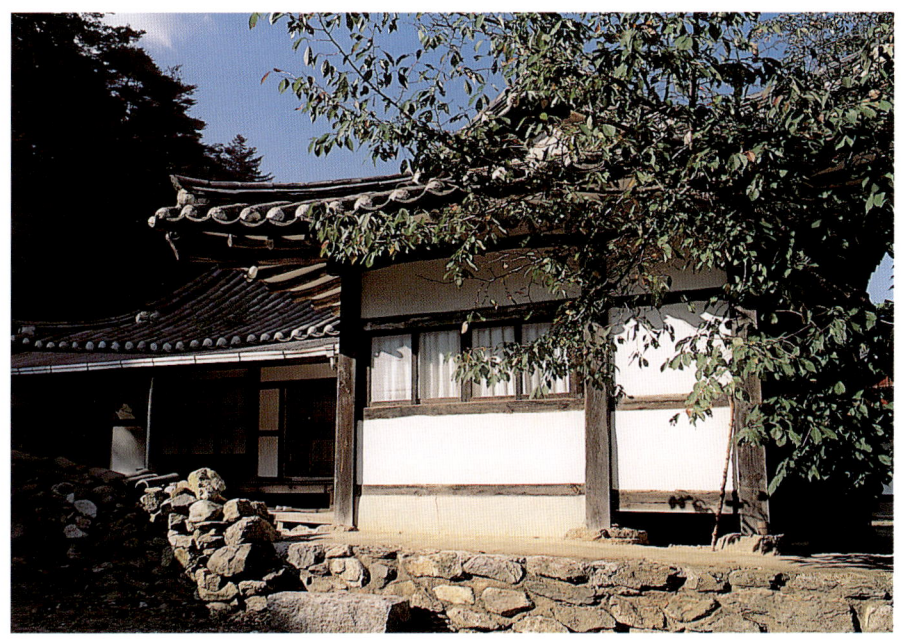

수선사 영산전 일곽의 마당 남쪽에 위치한 수선사는 선을 수행하는 스님들의 도량이다. 'ㄱ'자형 건물의 남동 모서리에 부엌이 있으며 나머지에 크고 작은 방들이 있다.

수선사

영산전 일곽의 마당 남쪽에 위치한 수선사는 선을 수행하는 스님들의 도량이다. 'ㄱ'자형 건물의 남동 모서리에 부엌이 있으며 나머지에 크고 작은 방들이 배치되어 있다.

건축 양식은 공포를 사용하지 않은 간략한 소로수장집(小櫨修粧閣, 도리와 장여 밑에 접시받침 모양의 소로를 대어 꾸민 집)이며 홑처마 양식의 팔작지붕이다. 부엌 출입구 양쪽의 기둥은 휜 만곡재를 그대로 사용하여 전통 목조 건축에 있어서 부재 사용의 유연성을 잘 보여 주고 있다.

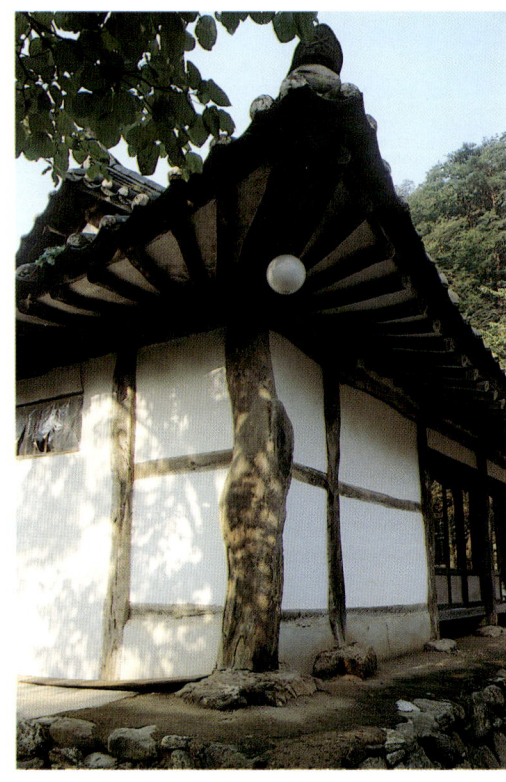

수선사의 기둥 부엌 출입구 양쪽의 기둥은 휜 만곡재를 그대로 사용하여 전통 목조 건축에 있어 부재 사용의 유연성을 잘 보여 주고 있다.

「명부전창건기」에는 1936년에 수선사를 중건하였다고 하며 그 이후 1980년대에 새로 보수하여 오늘에 이른다.

국사당

국사당에 대한 언급은 고려 말 보조 선사가 마곡사를 중수한 때부터 시작하며 이후 여러 번의 중창과 수리를 거쳤다. 세운 지 오래되어 벽이 기울고 무너졌으며 마루와 들보가 썩어 1862년[동치(同治) 원년]에 현재의 국사당으로 중수하고 영정을 봉안하였다. 또한 1868년(동치 7)에 현판을 조성하였다.

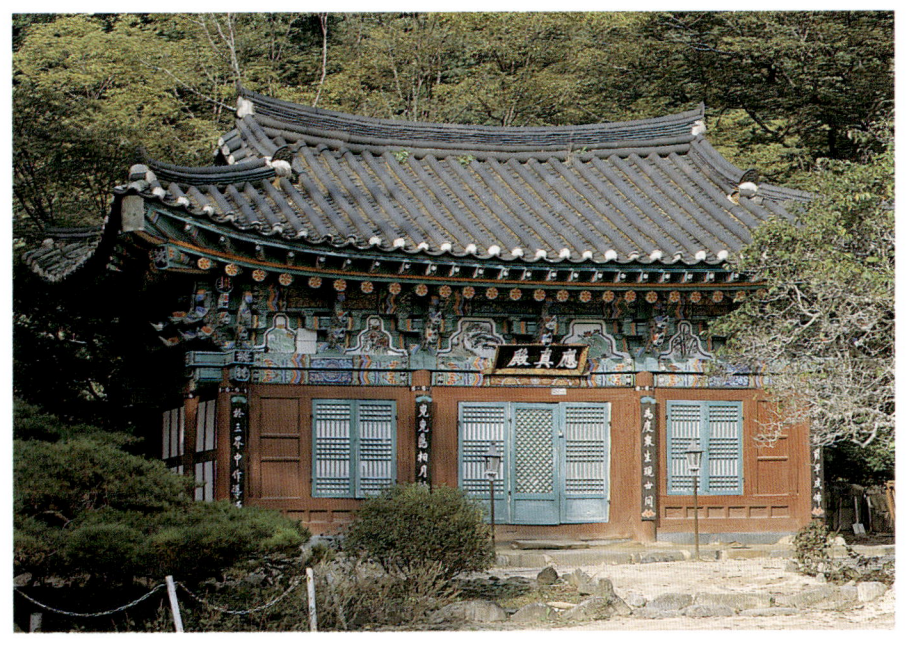

응진전 석가모니의 제자를 모신 전각인 응진전의 좌우 협간에는 창호 밑에 짧은 동자기 둥과 널판을 대어 머름을 짜고 그 위에 문짝을 설치하였다.

국사당은 정면 3칸, 측면 2칸의 규모로 왼쪽 협간은 온돌방이고 나머 지 두 칸은 마루이다. 마루에는 보조·범일·도선 국사의 영정이 걸려 있다. 국사당은 국사급의 고승 영정을 봉안하는 고승신앙의 형태를 나 타내는 건물로 전남 승주군 송광사 국사당도 같은 맥락에서 건립되었 다. 건축 형식도 사당임을 감안하여 익공계로 소박하게 처리하였으며 지붕의 측면은 '人'자 모양의 합각 구조이며 팔작지붕이다.

응진전
석가모니 부처님에게는 16명의 뛰어난 제자가 있었다. 이들은 모두

아라한(阿羅漢)의 경지에 달한 사람들로 석가모니로부터 장차 성불하리란 예언을 받은 사람들이다. 아라한은 성자를 의미하며 이들은 능히 진리로써 사람들을 이끌 수 있는 능력인 응진(應眞)의 소유자이다. 따라서 이런 능력을 지닌 석가모니의 제자를 모신 전각을 나한전 또는 응진전이라 한다.

다포계 팔작 양식의 건물이며 외 1출목으로 된 공포 살미를 연봉으로 장식하여 조선 후기의 양식을 보여 준다. 응진전에서 흥미로운 점은 전면 벽체의 처리 방식이다. 좌우 협간에는 창호 밑에 짧은 동자기둥과 널판을 대어 머름을 짜고 그 위에 문짝을 설치하였는데 이런 기법은 사대부가의 건물에서 많이 볼 수 있다. 전북 김제의 귀신사 대적광전에서도 같은 예를 찾아볼 수 있으나 불전에서는 잘 채택하지 않는 법식이다. 결과적으로 좌우 협간의 창호는 출입문보다는 창호의 역할을 하고 있으며 문짝도 궁창널이 없는 띠살창이다.

'ㄷ'자형 불단의 중앙에는 석가모니를 주존으로 봉안하였으며 그 좌우로 가섭(迦葉)과 아난(阿難)을 비롯하여 웃고, 졸고, 등을 긁기도 하는 등 자유자재로운 형상의 16제자를 봉안하였다. 천장에는 전체를 반자를 이용한 우물천장으로 마감하면서 중도리 사이를 주위보다 한 단 높게 처리한 층급 천장 방식을 사용하였다.

건물 외부의 단청은 오랜 비바람에 많이 퇴락되어 본래의 색채를 잃어 버렸으나 내부에는 원래의 단청이 그대로 잘 남아 있다. 기록에 따르면 1852년 3월에 응진전을 중수하였다고 한다.

중층 창고

심검당 일곽의 북쪽에 남향으로 세운 중층의 창고용 건물이다. 창고를 중층으로 건립한 것은 습기나 곤충 등으로부터 곡물을 안전하게 보관하기 위한 것으로 경남 양산군 통도사에서도 곡루(穀樓)라 불리는 이

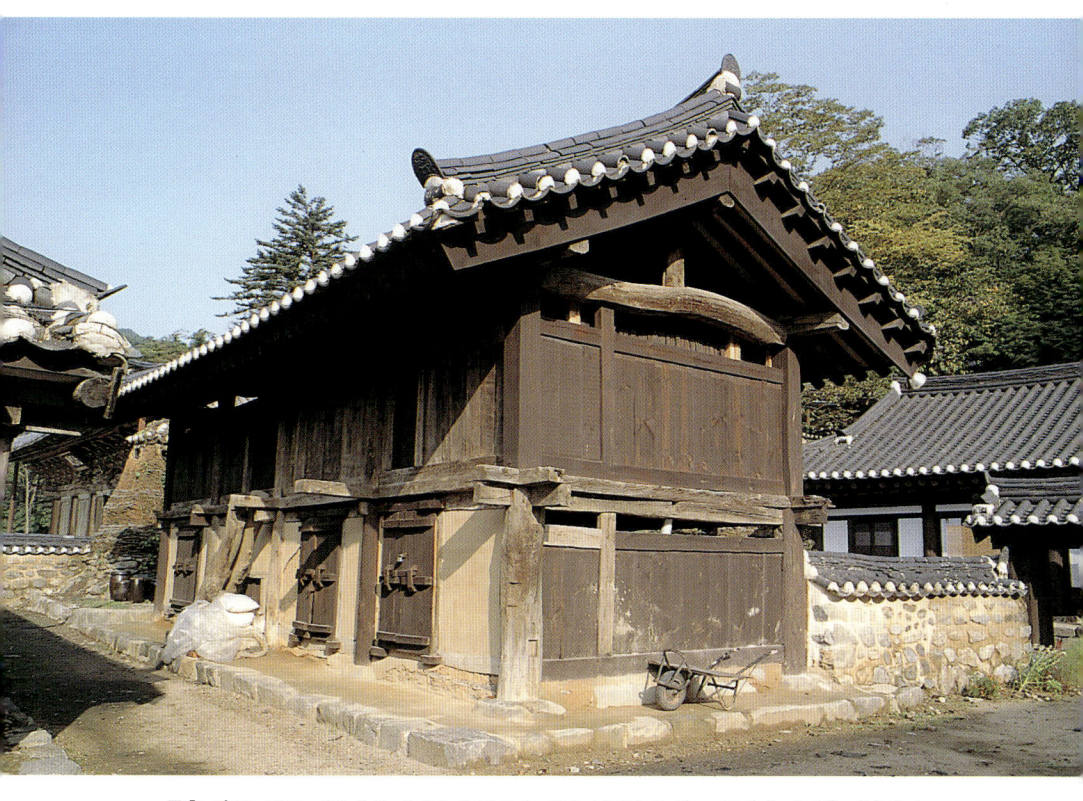

중층 창고 건물 내부에서 아래층과 위층을 직접 연결하지 않고 밖에서 계단을 이용하여 출입토록 하였으며 계단은 통나무를 그대로 다듬어 사용하였다.

와 유사한 중층 창고를 볼 수 있다.

건물은 정면 4칸, 측면 1칸의 장방형이며 아래층은 흙바닥이고 위층에는 마루를 깔았다. 아래층에는 둥근 기둥을 사용하였으며 그 위에 창방(昌枋)을 돌리고 마루 귀틀을 얹어 위층 기둥을 받치고 있다. 위층 기둥은 아래층과 달리 네모진 기둥으로 처리하였으며 아래층 벽체의 재료는 판장문과 판재이다.

건물 내부의 아래층과 위층을 직접 연결하지 않고 밖에서 계단을 이용하여 출입토록 하였다. 그리고 통나무를 그대로 다듬어 만든 계단을 놓았는데 계단에 사용된 목재를 다듬은 수법이 매우 고식이고 독특하다. 경북 병산서원의 만대루에 오르는 계단도 이 계단과 비슷한 형태이다. 원래의 지붕은 기와를 덮은 맞배지붕이나 현재는 슬레이트로 변형되었다.

영각

심검당 영역 뒤편의 대광보전 동쪽에 별도로 담장을 두르고 영각을 세웠다. 영각은 고승들의 영정을 봉안하는 곳으로 정면 5칸, 측면 3칸의 장방형 건물이다.

왼쪽 협간은 부뚜막이며 그 윗부분은 다락으로 사용하고 있다. 왼쪽 두 칸은 툇마루가 달려 있는 온돌방이고 오른쪽 두 칸은 마루이다. 건축 양식은 공포가 없는 간략한 형식의 소로수장집이며 지붕도 홑처마의 팔작지붕이다.

요사

마곡사에는 매화당 외에도 두 곳의 요사가 더 있다. 첫번째는 심검당 남쪽에 위치한 부속 요사로 정면 4칸, 측면 2칸의 규모이다. 동쪽 협간에는 부엌을 만들고 나머지 두 칸에는 온돌방을 두었으며 전면 툇간에

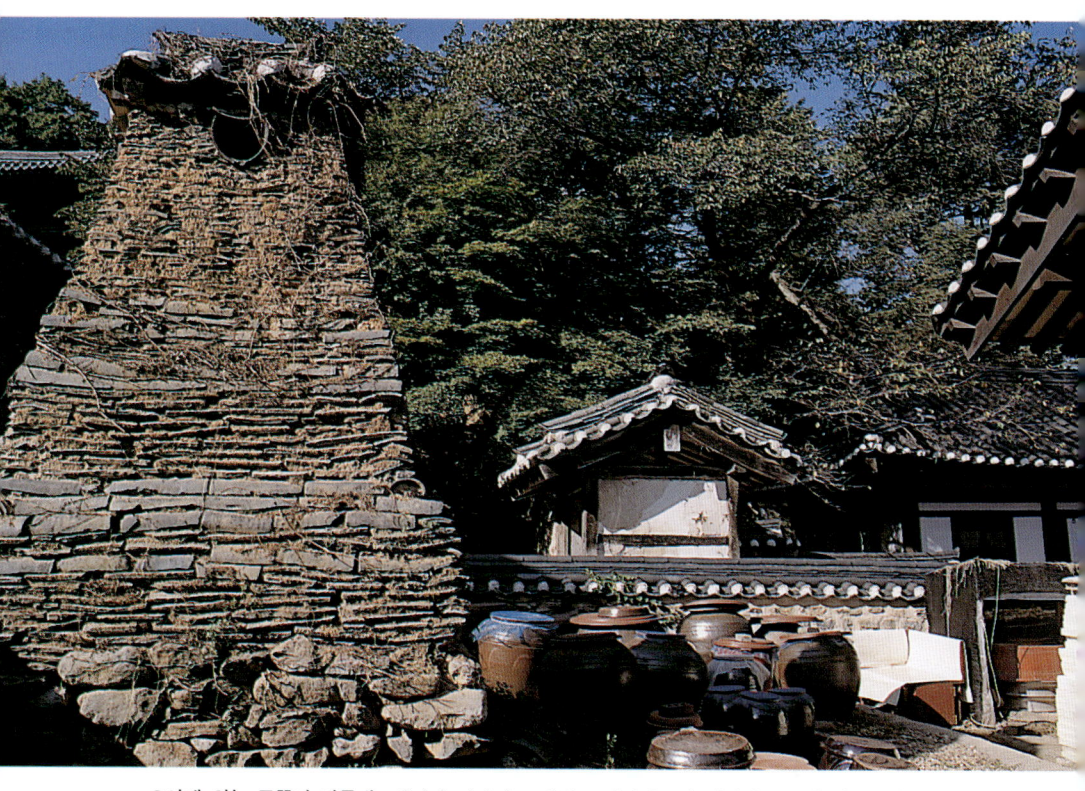

요사에 있는 굴뚝과 장독대 심검당 일곽의 요사에는 사다리꼴의 재래식 굴뚝과 장독대가 있다. 자연석을 쌓아 만든 굴뚝의 상부에는 기와 조각을 얹어 지붕 형태를 갖추었다.

는 툇마루를 깔았다. 불전과 달리 기둥 위에 공포를 두지 않은 소로수 장집이며 지붕은 홑처마의 팔작지붕이다.

두 번째 요사는 영각 일곽의 동쪽에 서향으로 자리잡고 있는 정면 5칸, 측면 2칸 규모의 건물이다. 중앙의 세 칸에는 전면에 툇마루를 둔 온돌방을 두었고 왼쪽 협간은 부엌이며 오른쪽 협간은 욕실로 개조하였다.

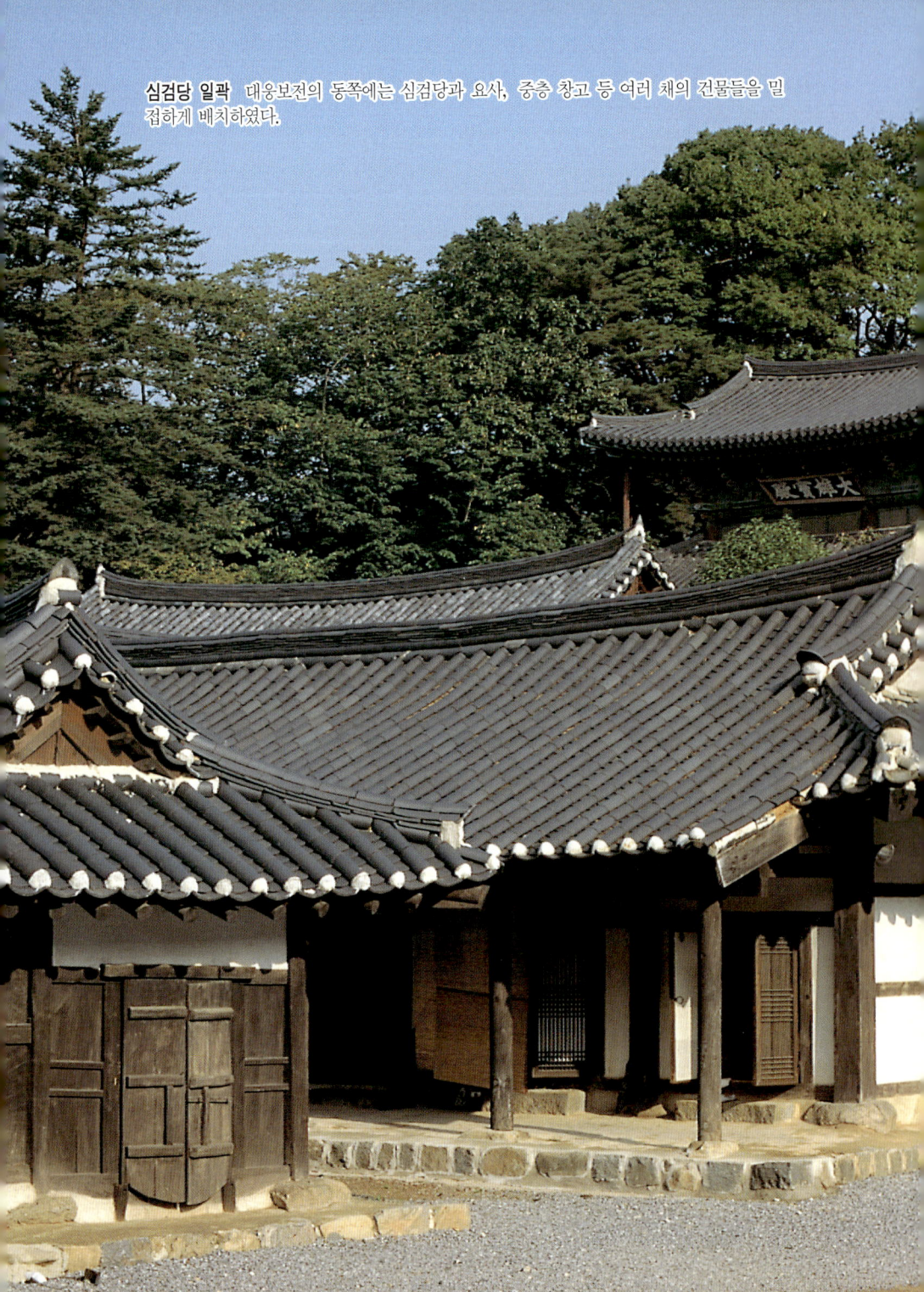

심검당 일곽 대웅보전의 동쪽에는 심검당과 요사, 중층 창고 등 여러 채의 건물들을 밀접하게 배치하였다.

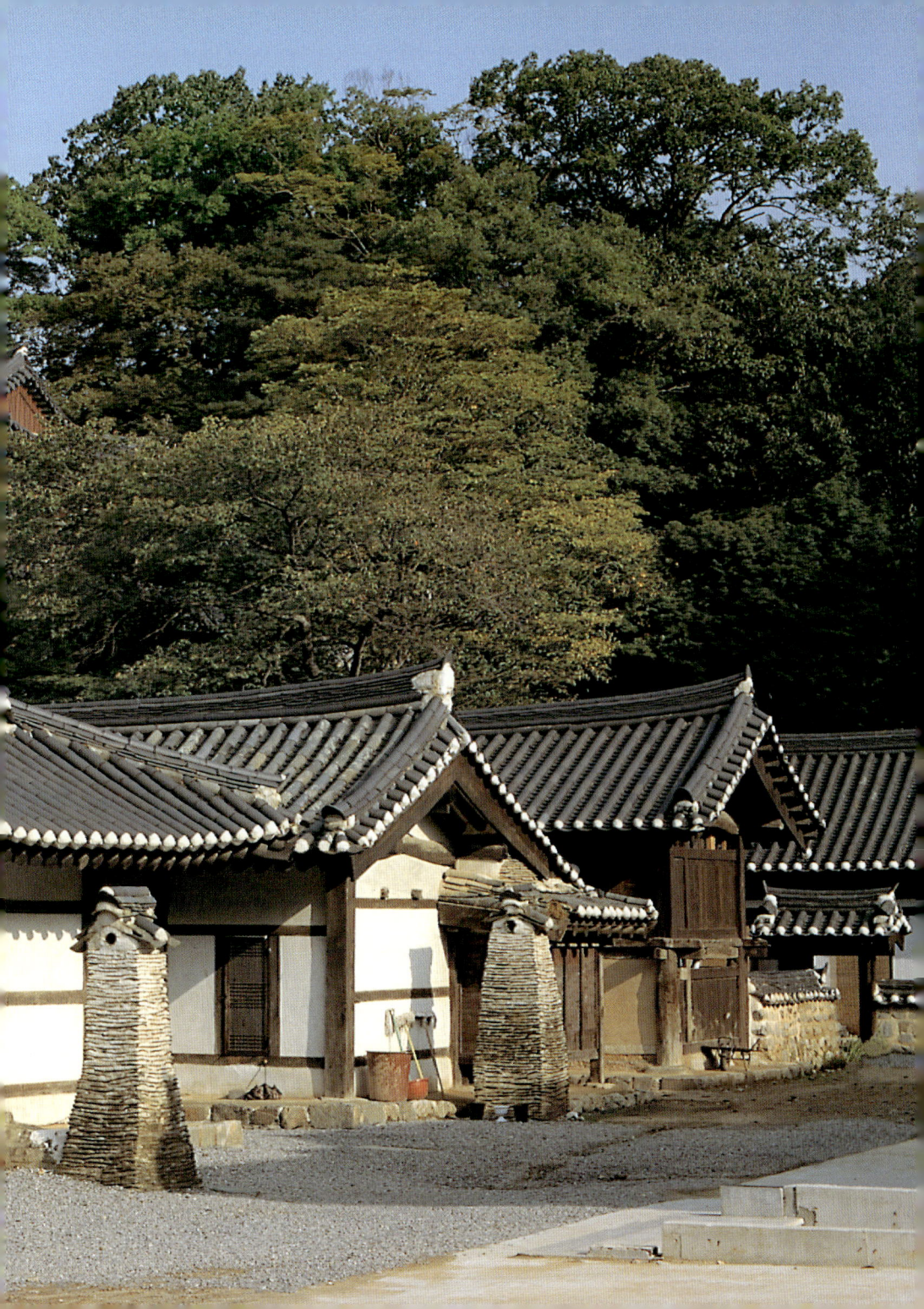

심검당

대광보전의 전면 동쪽에 자리한 심검당은 대광보전을 맡아보는 사람들의 숙소인 노전(爐殿)이며 대방(大房)의 역할을 하는 대규모 요사이다. 충청남도 유형문화재 제135호로 지정되어 있다.

'심검(尋劍)'은 지혜를 벤다는 의미로 '반야지혜'를 상징한다. 전각 내부의 편액에 1856년 2월에 중수한 사실과 1908년 4월에 기와를 교체한 사실이 기록되어 있어 19세기에 건립한 것임을 알 수 있다.

건물은 'ㄷ'자형으로 양 익사가 만나는 부분에 대중방이 있고 대중방과 동쪽 익사가 만나는 곳에 부엌이 위치하며 나머지 공간에는 크고 작은 방들이 있다. 대중방의 북쪽으로 한 칸을 만들어 불단을 조성하고 불화를 걸어 인법당(因法堂, 불전이 없는 작은 절에서 스님이 거처하는 곳에 불상을 모신 곳) 형식을 취하였다. 부엌 동쪽에는 다른 민가에서처럼 벽장을 달아 사용하고 있다.

건물은 공포가 생략된 간략한 소로수장집으로 팔작지붕이며 좌우에 눈썹지붕이 덧붙어 있어 실제보다 훨씬 큰 규모로 느껴진다.

대향각

대향각은 대웅보전의 노전으로 정면 4칸, 측면 3칸의 장방형 건물이다. 서쪽 두 칸에는 온돌방을 놓고 앞뒤 툇간에는 마루를 설치하였다. 동쪽 협간은 온돌방이며 두 방 사이에는 좁은 벽장을 설치하였다.

건물 앞쪽 기둥 위에는 익공을 놓았다. 뒤쪽에는 돋을새김을 하지 않고 직각으로 재단한 부재를 사용하였으며 홑처마의 팔작지붕이다.

범종각

개울을 건너자마자 바로 왼쪽으로 1996년에 건립한 십자형의 범종각이 있다. 건축 양식은 사방에 합각을 둔 다포계 팔작지붕이며 외관에

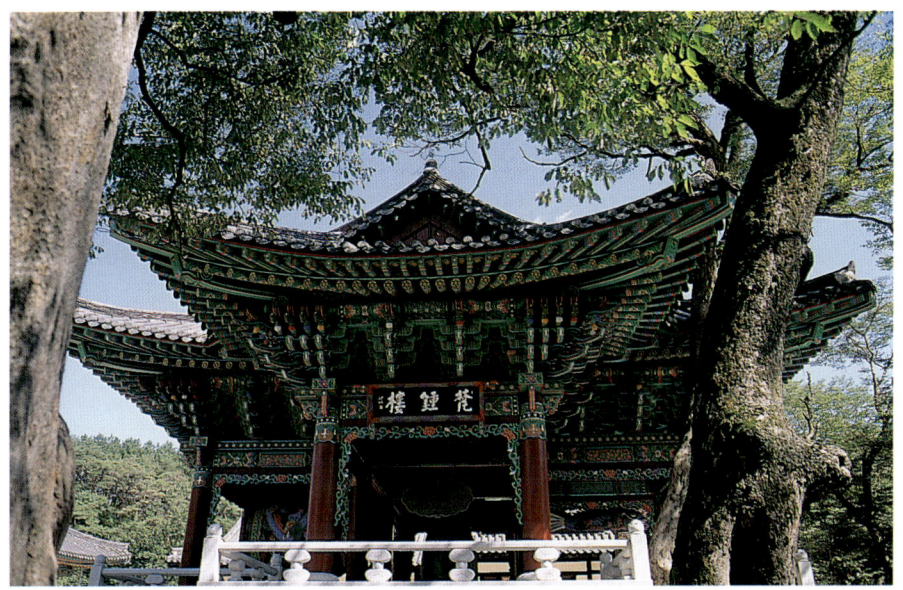

범종각 개울을 건너자마자 바로 왼쪽으로 1996년에 건립한 십자형의 범종각이 있다. 건축 양식은 사방에 합각을 둔 다포계 팔작지붕으로 변화 있는 외관을 하고 있다.

다양한 변화를 주었다. 범종각 신축과 함께 심검당에 있던 범종(梵鐘), 목어(木魚), 운판(雲版), 법고(法鼓) 등을 옮겨 왔다.

종무소

심검당 남쪽 개울가에는 종무소가 있다. 원래 이 건물은 대광보전 서쪽에 있었는데 최근에 이전하였다. 건축 양식은 공포를 사용하지 않은 소로수장집으로 팔작지붕을 하고 있다.

재래식 변소

심검당 일곽의 동쪽 개울 가까이에 오래된 수법이 그대로 남아 있는 재래식 변소가 있었으나 최근에 정비 공사를 하면서 철거하여 아쉬움이 남는다. 사찰에서는 근심 걱정을 잊어 버린다는 의미에서 '해우소(解憂所)'라고도 한다.

정면 3칸, 측면 1칸 규모이며 내부는 중앙 널벽을 중심으로 남녀용이 구분되어 있다. 지형의 차이를 이용하여 출입구 쪽은 단층이나 반대쪽은 이층으로 축조하였다. 벽체는 판장벽으로 막았으며 맞배지붕에 기와를 올렸다.

마곡사의 유물

　마곡사는 불화와 불상, 석탑, 공예품, 현판 등 다양한 유물을 소장하고 있다. 그 가운데 5층석탑과 사경(寫經), 향로(香爐) 등은 고려시대 유물이고 괘불(掛佛)과 각 전각에 봉안된 불화, 범종, 현판 등은 조선시대 유물이다.

　1687년(숙종 13)에 조성된 괘불은 보관보살형(寶冠菩薩形)의 석가불과 비로자나불, 그리고 노사나불(盧舍那佛)이 등장하는 삼신불로 표현된 독특한 도상으로 보물로 지정되어 있다. 대광보전의 영산회상도와 삼장보살도는 1788년에 만들어졌고 그 밖의 불화는 조선 말기에 제작되었다.

　석조물로는 고려 말에 원나라 라마교의 영향을 받아 특수한 형식으로 제작된 5층석탑과 조선 말기와 일제 강점기에 제작된 5기의 부도가 있다. 공예품 가운데 예불 때 사용하는 의식구인 범종은 1654년에 만들어졌고, 공양 의식구인 향로는 고려 말기에 은입사 기법으로 만들어졌다. 또 고려 말과 조선 초에 만들어진 사경은 현재 보물로 지정되어 있으며 국립중앙박물관과 동국대학교 박물관에 기탁품으로 보관되어 있다.

불 화

「사적입안」과 「연기약초」에 따르면 마곡사의 불화는 대략 세 시기에 걸쳐 조성된 것으로 보인다.

첫번째 시기는 17세기 후반으로, 1650년에 감사 이태연이 공주목사로 부임하면서 선당과 약사전, 천불전 등 여러 건물을 새롭게 보수하고 절의 규모를 갖춘 시기이다. 각순, 지원 등의 스님이 사찰의 주지를 맡으면서 마곡사는 중흥기를 맞이하였고 40년 뒤에 괘불이 조성되었다. 1650년에서 1682년까지 주지를 지낸 각순, 덕휘, 탁일, 행안, 법희, 현징, 쌍언 등의 이름을 괘불 화기에서 찾아볼 수 있어 괘불 조성이 대규모의 불사였음을 짐작할 수 있다.

두 번째는 대광보전의 재건 시기이다. 1782년에 대법당을 비롯한 1,050여 칸에 화재가 나서 1785년에서 1788년에 걸쳐 대법당을 수리하고 삼단탱(三壇幀)을 단청하였는데 이때의 화주는 제봉당 체규였다. 삼장보살도의 화기에서 도화주(都化主)에 체주(體珠, 체규의 '奎'는 오자인 것 같다)라는 이름이 나오는데 이 시기에 체주가 사찰을 중건한 것으로 보인다.

세 번째 시기인 1800년대에도 나한전과 심검당, 총지료, 매화당 등을 수리하거나 중창한 기록을 볼 수 있다. 1905년에 대웅보전에 삼세불화(三世佛畵)를 그린 것을 필두로 하여 1910년에 천왕문을 중수할 때까지 시주를 한 사람이 바로 금호당 약효였다. 금호당 약효는 주지로 머물면서 경기도 봉녕사, 충북의 법주사와 영국사, 충남의 갑사와 향천사 등의 불화를 제작하며 1930년대까지 활약하였다.

이렇듯 마곡사는 예로부터 화사들을 배출해 온 곳으로 유명하다. 북방 화소(北方畵所)인 금강산 유점사, 경산 화소(京山畵所)인 수락산 흥국사와 더불어 남방 화소인 마곡사는 대대로 화승을 배출해내던 화소

마곡사의 불화

번호	전각	불화명	연 대	화 사
1	대웅보전	괘불	1687년(숙종 13)	金魚 能學, 戒湖, 崔順, 處默, 印行, 精印
2	대광보전	영산회상도	1788년(정조 12)	畵師 練弘, 行賞, 勝翼, 尙訓, 竺橄, 世和, 英照, 圓奇 片手 雲喆, 閏昊, 性雲, 雲淳, 敦珍, 敬珍, 敬岑
3		삼장보살도	1788년	畵師 練弘, 行賞, 勝翼, 尙訓, 竺橄, 世和, 英照, 圓奇 片手 雲喆, 閏昊, 性雲, 雲淳, 敦珍, 敬珍, 敬岑
4		칠성불화		金魚比丘 善律, 尙脫, 若效, 箕口, 正口, 口昊
5		신중화	1910년(순종 4)	
6		후불벽화		
7		16나한도		
8	대웅보전	삼세불화	1905년(고종 9)	出草比丘 天庵 定淵, 性周, 尙口, 宥口, 性曄
9		신중화	1910년	出草比丘 奉珠, 運應堂 聖周, 奉宗, 大興
10	영산전	신중화	1924년	錦湖堂 若效
11	심검당	신중화		
12		지장보살도	1928년경	
13	명부전	시왕도		제 1대왕도 金魚比丘 琫榮, 제 2대왕도 寬俊, 제 9대왕도 奉珠, 제10대왕도 琫榮

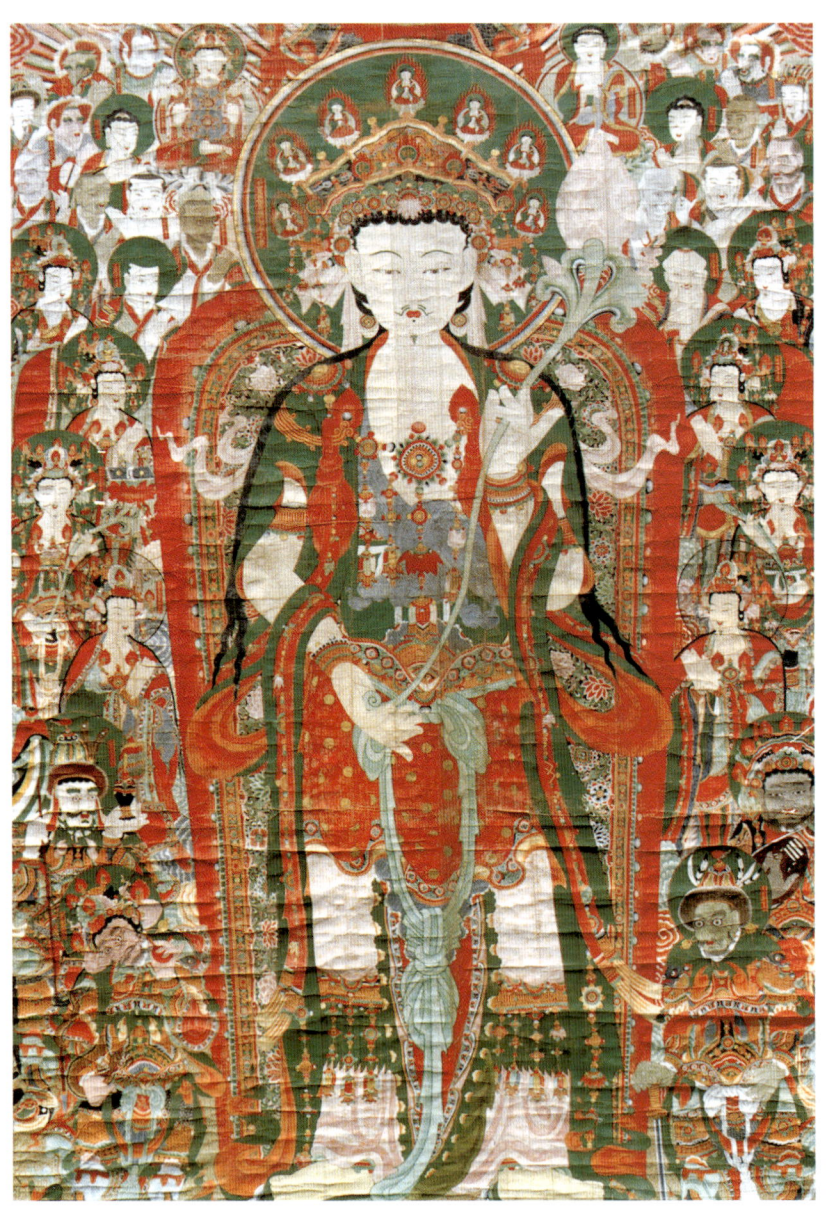

마곡사의 괘불 본존 주위에 6대 보살, 10대 제자, 제석과 범천, 사천왕, 천자, 아수라, 용왕, 벽지불 등을 좌우 대칭으로 화면 가득히 배치한 원형의 군도(群圖) 형식이다.

사찰(畫所寺刹)이다. 특히 1750년을 전후하여 지리산을 중심으로 전라
도와 경상도 일대에서 활약한 의겸(義謙, 1713~1757년 사이에 활약)의
전통을 이어받은 금호당 약효와 송광사의 봉린(鳳麟)과 갑사의 보응(普
應), 송광사의 일섭(日燮)·석정(石鼎)으로 이어진 화맥을 볼 수 있는
곳이어서 더욱 중요하다.

괘불

석가탄신일처럼 많은 대중들이 모이는 의식을 할 때에는 법당에서
법회를 할 수 없기 때문에 야외에서 의식을 행하게 된다. 이때 법당 앞
에 거는 대형의 불화를 괘불이라고 한다.

1687년에 제작된 마곡사의 괘불은 보물 제1260호로 지정되어 있으며
재료는 마본(麻本)이다. 세로 10.79미터, 가로 7.16미터의 대형 괘불로
도상(圖像)에는 '천백억화신석가모니불(千百億化身釋迦牟尼佛)'이라는
존명(尊名)과 각 존상들의 명칭이 기록되어 있어 다른 불화와 도상학적
으로 비교하는 데 중요한 연구 자료가 된다.

본존은 7구의 화불(化佛)이 안치된 보관을 쓰고 두 손에 거대한 꽃가
지를 잡고 있는 보살 형태이다. 두광(頭光) 좌우에는 지권인(智拳印)의
비로자나불과 설법인(說法印)의 노사나불이 작게 묘사되어 있다. 그리
고 협시보살(脇侍菩薩)도 '좌보처자씨미륵보살(左補處慈氏彌勒菩薩)'과
'우보처제화갈라보살(右補處提華褐羅菩薩)'로 기록되어 있다.

이 괘불은 화신(化身) 석가불과 법신(法身) 비로자나불 그리고 보신
(報身) 노사나불을 의미하는 삼신불의 도상을 이루고 있으며, 미륵보살
과 제화갈라보살을 좌우 보처보살로 하는 도상이다. 이렇듯 보관보살
형 석가불에 법신과 보신, 미륵과 제화갈라보살이 협시로 등장한 점에
대하여는 새로운 도상의 출현과 교리적인 측면에서 정확한 분석이 이
루어져야 할 것이다.

본존의 원형 두광과 키(곡식을 까부르는 도구) 모양의 신광(身光)은 단독상에서 흔히 볼 수 있는 형상이다. 전체적으로 광배 주위에 6대 보살, 10대 제자, 제석(帝釋)과 범천(梵天), 사천왕(四天王), 천자(天子), 아수라(阿修羅), 용왕(龍王), 벽지불(辟支佛) 등을 좌우 대칭으로 화면 가득히 배치한 원형의 군도(群圖) 형식이다.

가운데의 주존은 연꽃가지를 왼손에서 오른쪽으로 걸쳐 잡고 있는데 신체에 비해 두 손을 크게 묘사하여 마치 연꽃가지를 강조한 것처럼 보인다. 승려가 입는 붉은 빛의 예복인 승가리 위에 걸친 통견(通肩)의 불의와 군의를 화려한 색조와 문양으로 치장하여 화려함을 더해 주고 있다.

두광 좌우의 청정법신비로사나불(淸淨法身毘盧舍那佛)과 원만보신로사나불(圓滿報身盧舍那佛)을 아주 작게 묘사한 점은 장곡사 괘불(1673년)과 개심사 괘불(1772년)에서도 찾아볼 수 있다.

6대 보살은 미륵보살과 제화갈라보살, 관음보살(觀音菩薩), 대세지보살(大勢至菩薩), 문수보살(文殊菩薩), 보현보살(普賢菩薩)로 구성되었다. 10대 제자상과 제석의 2만 천자 가운데 보향천자(普香天子)와 명월천자(明月天子)가 상단 좌우 끝에 배치되어 있다. 이 밖에 아수라와 가루라(迦樓羅), 용왕들이 배치되어 있다.

4가루라왕 가운데 중인도 마가다국의 태자 아자타삿투(Ajatasattu)는 아버지 빔비사라(Bimbisāra) 왕과 어머니 베데희(Vedehi) 왕비 사이에서 일어나는 부자간의 왕권 다툼과 근친 살해 등의 비극을 다룬 「관경변상도(觀經變相圖)」에 등장한다. 아자타삿투는 처음에는 포악하였으나 나중에 부처님께 귀의하여 불법의 외호자가 된 인물이다. 벽지불 등도 보이는데 『묘법연화경(妙法蓮華經)』에서는 이러한 등장 인물들이 영축산에서 설법을 듣는 청중들로 묘사되어 있다.

대형의 마곡사 괘불은 17세기 전반기인 효·숙종 때의 몇 가지 특징을 보이고 있다.

첫째, 중앙의 본존불을 중심으로 보살과 권속(眷屬)들이 여러 겹으로 겹쳐 좌우 대칭을 이루고 있으며 정형화된 구도로 본존을 중앙에 크게 묘사하여 강조하였다. 곧 화면을 압도할 정도로 근엄하고 당당한 모습의 본존불을 쳐다보는 일반 대중들의 마음이 경건해질 수 있도록 표현한 것이다.

둘째, 7불을 봉안한 묵중한 보관과 역삼각형의 수척한 얼굴이 대비되며 호리호리한 긴 체구와 커다란 연꽃 등이 비현실적이다. 권속들의 수는 증가되었지만 크기가 작으며 키 모양의 광배와 불의에 나타난 풀잎 모양의 장식이 특징적이다.

셋째, 밝고 명랑한 분위기의 채색을 엿볼 수 있다. 밝은 녹색과 홍색의 배합, 중간 톤의 연한 녹색과 분홍, 엷은 청색, 주황, 노랑 등이 어우러져 화려하고 장엄한 분위기를 연출한다.

넷째, 필선은 능숙하나 기하학적이고 도식적이어서 도안적인 경향도 엿보인다. 하지만 이러한 결점을 밝고 명랑한 채색으로 보완하고 있다.

다섯째, 불의와 광배, 배경 등에서 지그재그와 이중 원형의 기하학적인 문양과 연꽃이나 변형 국화, 구슬, 점 등의 도안적인 문양이 보인다. 5색의 광선 무늬와 보관의 영락(瓔珞) 장식 또한 화려하다.

화기(畫記)에는 '괘불탱(掛佛幀)'이라는 기록이 나오며 탱시주(幀施主)와 바탕시주(波蕩施主)를 비롯하여 금(金), 베〔布〕, 원경(圓鏡), 후배지(後背地), 인등(引燈), 초지(草地) 등을 시주한 사람들이 많았고 증명(證明) 덕□(德□), 금어(金魚) 능학(能學), 계호(戒湖), 최순(崔順), 처묵(處默), 인행(印行), 정인(精印)이 괘불을 제작하였다고 한다. 그리고 괘불 뒷면에 수륙재(水陸齋)와 49재(四十九齋)에 쓰였다는 기록이 있어 석가탄신일 외에도 괘불을 내걸은 것으로 보인다.

施主秩	波蕩施主 山人覺無比丘	大同色　宗惠比丘
幀大施主 幸淨比丘	波蕩施主 學淳比丘	鍾頭　　一還比丘
波蕩施主 嘉善大夫信守比丘	波蕩施主 金祐敬比丘	
波蕩施主 冲彦比丘	波蕩施主 林丁業兩主	綠化目錄
波蕩施主 洪順男兩主	波蕩施主 李德男兩主	證師　　山人德英比丘
波蕩施主 靈俊比丘	波蕩施主 尹戒云兩主	持殿　　山人冲輝比丘
金施主　朴道信兩主	布施施主 幸珠比丘	畵師　　山人能學比丘
波蕩施主 性聞比丘	圓鏡施主 思玄比丘	戒湖比丘
供養施主 儀贊比丘	布施施主 覺俊比丘	崔順比丘
供養施主 張吉金兩主	布施施主 清惠比丘	處默比丘
供養施主 姜回男兩主	片布施主 一玉比丘	印行比丘
布施施主 金三龍兩主	後布施主 能悅比丘	精印比丘
布施施主 林氏山介兩主	布施施主 守玄比丘	供養主　　勝軒比丘
供養施主 崔以名兩主	草紙施主 先森比丘	處玄比丘
布施施主 朴閏雄兩主	後排施主 宗彦比丘	來往　　特令比丘
布施施主 戒巳比丘	布施施主 金信欽兩主	信初比丘
後排施主 徐体元兩主	布施施主 閔白元兩主	別座　　玉清比丘
引燈施主 玄哲比丘	魚膠施主 孫巳兩主	大化士 山人唯敏比丘
波蕩施主 德堅比丘	眞墨施主 捧兼比丘	
波蕩施主 德捧比丘	住持　　玄森比丘	康熙二十六年丁卯五月日
波蕩施主 惠日比丘	維那　　玄澄比丘	公共道
波蕩施主 朴吾莊兩主	三剛　　智訓比丘	公州牧地西嶺華山麻谷寺
波蕩施主 金信敬兩主	持殿　　寶還比丘	掛佛
波蕩施主 鄭戒祖兩主	持寺　　思俊比丘	幀造成畢功

本寺目錄		判事	文淑比丘
嘉善大夫	儀全比丘		自淳比丘
山人大德	印英比丘		淨賛比丘
前行判師	道敬比丘		太玄比丘
前行判師	德輝比丘		信淨比丘
通正大夫	思仁比丘	山人	双彦比丘
通正大夫	卓一比丘		敏巳比丘
	信云比丘		學淳比丘
	先蹟比丘		哲云比丘
	海云比丘		戒澄比丘
前住持	斗云比丘		法行比丘
	幸益比丘		惠云比丘
前判書	省欽比丘	通政大夫	竹林比丘
前判書	幸安比丘		一玉比丘
	敬海比丘		哲英比丘
前住持	沖蹟比丘	山人	道淨比丘
前行判書	法英比丘		宗一比丘
通政大夫	法熙比丘		大眼比丘
	太俊比丘	山人	學仁比丘
通政大夫	敏海比丘		双學比丘
通政大夫	宗惠比丘	山人	海一比丘
前住持	應釋比丘		沖海比丘
山人大德	法勝比丘		洪俊比丘
山人大德	勝云比丘		

大韓光武八年甲辰九月二十
三日比丘尼福萬四十九日之
齊設齋掛
道光十二年壬辰四月日厚背
而水陸
二層殿下舍辛卯元月日改次

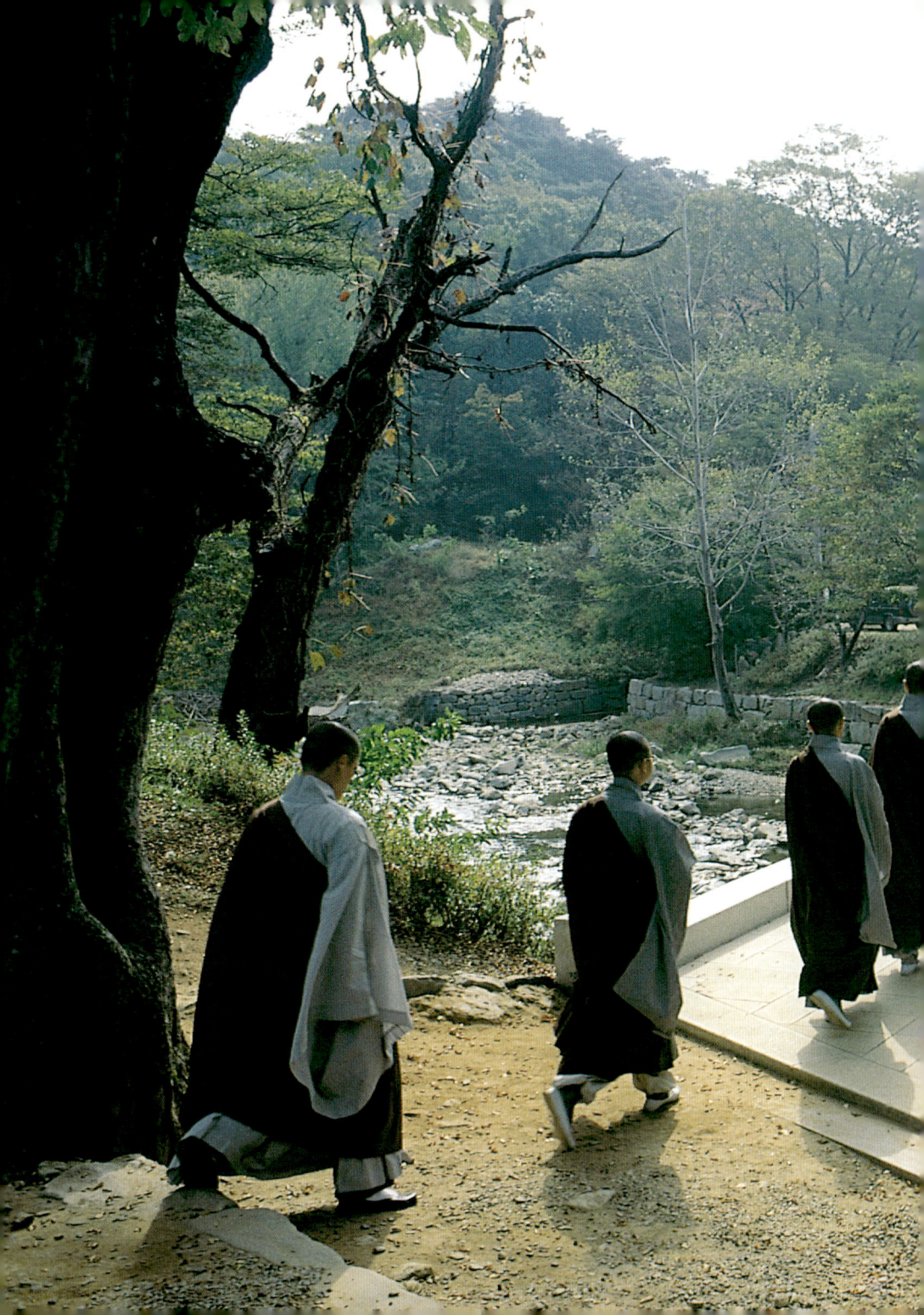

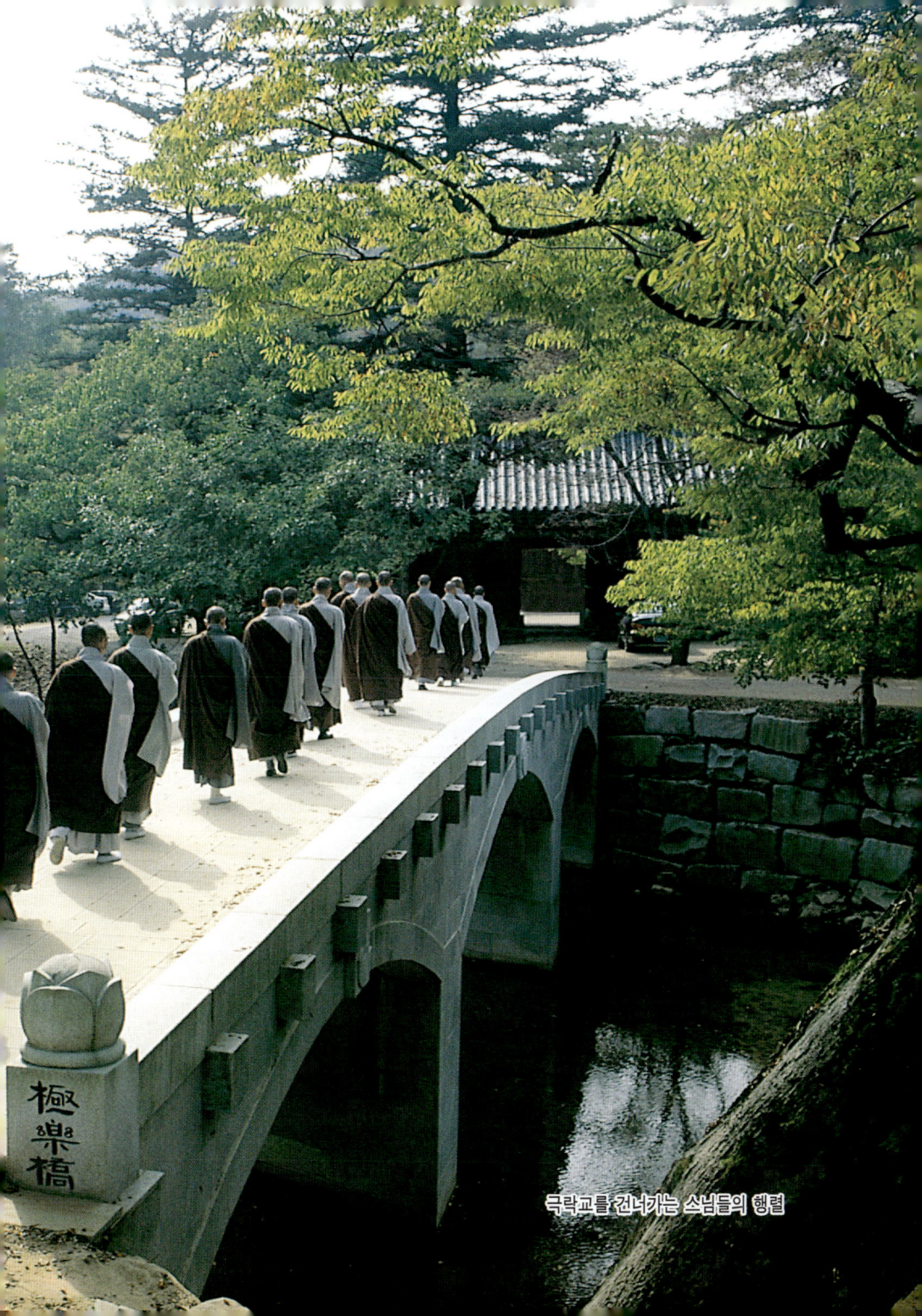

極
樂
橋

극락교를 건너가는 스님들의 행렬

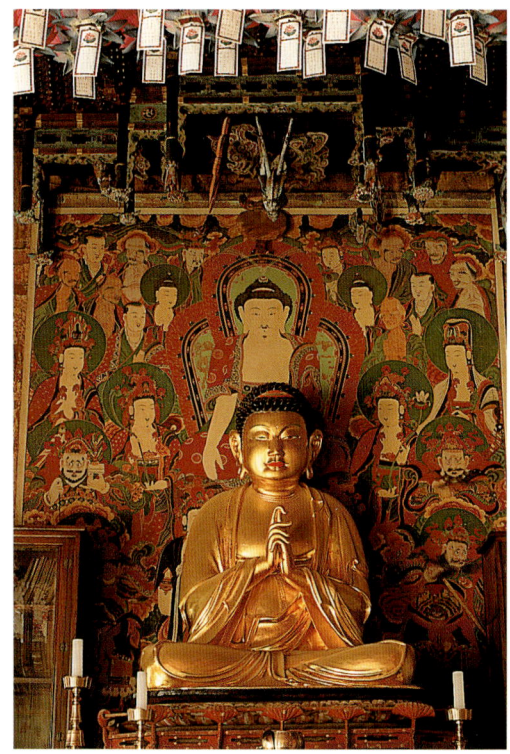

대광보전 영산회상도 본존을 중심으로 권속들이 촘촘하게 배치되어 여유가 없는 복잡한 구도이다. 단아한 얼굴과 딱딱하고 근엄한 신체 표현은 의겸 화사의 화풍이다.

대광보전 영산회상도

영산회상도는 석가모니가 영축산에서 설법하는 장면을 그림으로 표현한 것이다. 1788년에 조성된 대광보전 영산회상도의 도상은 석가불을 중심으로 6대 보살, 10대 제자, 벽지불, 용왕과 용녀, 사천왕으로 구성되었으며 18세기의 전형적인 원형 구도이다. 제석과 범천, 팔부중(八部衆)이 생략되어 비교적 권속이 적은 편이다.

석가불은 키 모양의 광배를 지고 있으며 연꽃가지와 여의(如意)를 든 문수·보현보살과 화불을 봉안한 보관에 백의를 걸친 관음보살, 정병

(淨瓶)을 봉안한 보관을 쓴 대세지보살이 협시하고 있다. 본존의 수미단(須彌壇) 좌우에는 합장을 한 보살들이 협시하고 있으며 그 옆으로 사천왕이 배치되었다. 용왕과 용녀, 벽지불, 아난과 가섭이 두광을 에워싸고 있고 나머지 제자들이 상단의 공간을 채우고 있다.

이 불화는 본존을 중심으로 권속들이 촘촘하게 배치되어 여유가 없는 복잡한 구도이다. 단아한 얼굴과 딱딱하고 근엄한 신체의 표현에서 의겸 화사의 화풍이 엿보인다. 채색은 녹색과 적색의 사용으로 강렬하게 보이지만 본존 광배의 연한 양록색이 강렬함을 가라앉혀 차분하게 해준다. 짙은 청색의 사용은 18세기 말부터 나타나는데 이 불화에서도 이러한 특징을 볼 수 있다. 다양한 무늬들로 도안된 문양은 도식적인 면을 보여 준다. 이러한 면은 쌍계사 대웅전의 영산회상도(1781년)와 은해사 거조암의 영산전 영산회상도(1786년) 등에서도 볼 수 있는 영·정조 때의 특색이다.

삼장보살도(三藏菩薩圖)와 함께 제작되었으며 처준(處峻)·수현(收絢) 증사(證師)와 연홍(練弘)·행상(行賞)·승익(勝翼)·상훈(尙訓)·축감(竺橄)·세화(世和)·영조(英照)·원기 비구(圓奇比丘) 화사(畵師), 그리고 운철(雲喆)·윤호(閏昊)·성운(性雲)·운순(雲淳)·돈진(敦珍)·경진(敬珍)·경잠(敬岑) 등의 편수(片手)가 그린 것이다.

대광보전 삼장보살도

삼장보살도는 세로가 194센티미터, 가로가 289센티미터의 크기로 1788년에 제작되었고 현재 동국대학교 박물관에 소장되어 있다.

도상은 천장보살을 중심으로 지지보살(地持菩薩)과 지장보살(地藏菩薩)이 좌우 협시하고 그 주위를 권속들이 에워싼 전형적인 모습이다. 대웅전에 내걸었던 것으로 영산회상도와 유사한 형태이다. 구도는 삼장을 중심으로 권속들이 둥글게 여러 겹으로 에워싼 빽빽한 화면 구성

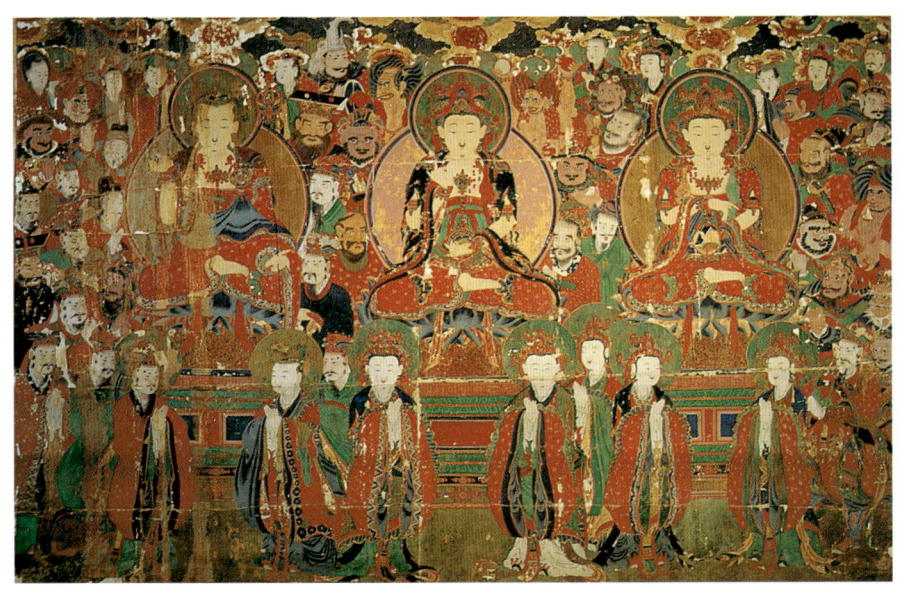

대광보전 삼장보살도 삼장을 중심으로 권속들이 둥글게 여러 겹으로 에워싼 빽빽한 화면 구성을 보인다. 삼장의 얼굴은 갸름하고 이목구비가 작게 표현되어 단아하다. 사진 동국 대학교 박물관.

을 보인다. 삼장의 얼굴은 갸름하고 이목구비가 작게 표현되어 단아하며 권속들의 표정은 자유롭게 묘사되었다.

주색(朱色)과 녹색을 주조로 사용하였으며 황토색 등의 중간색으로 화면을 더욱 밝게 하였고 옷주름에 보이는 요철법과 청색의 등장으로 보아 19세기로 넘어가는 과도기의 현상을 느낄 수 있다. 지그재그나 이중 원형의 기하학적인 문양과 변형 연꽃 등의 도안적인 문양이 주색과 녹색의 강렬함과 어우러져 화려한 모습을 보인다.

처준과 수현 증사, 연홍·행상·승익·상훈·축감·세화·영조·원기 비구 화사, 운철·윤호·성운·운순·돈진·경진·경잠 등의 편수가 그린 것이다.

乾隆五十三年戊申四	郭道元	宏坦比丘
泰華山麻谷寺	尹順日	惠雲比丘
三藏幀成造施主	金貴賢	大禪師雜和比丘
證師　處浚比丘	居士學能兩主靈駕	畵師秩
牧絢比丘	比丘敬彦靈駕	練弘比丘
大施主 金氏未酉	方氏甲寅生	衍賞比丘
清信士智	李連德	勝翼比丘
邊氏壬辰生	沈維德	尙訓比丘
行女祥順	朴有煥	竺楑比丘
柳心□	千一聖	世和比丘
金萬相	丁卯生金氏	三泉比丘
金閏河	金老積	英照比丘
金閏□	金得仁	圓奇比丘
張祐□	安奉淂	片手　雲喆比丘
鄭氏癸□	金世永	岡昊比丘
吳氏巳□	金仁孫	性雲比丘
清信女□□	張氏丁巳生	雲淳比丘
趙氏丙辰生	金麗海	敦玜比丘
行女慧□	金順免只	敬珍比丘
瑾□	朴大益	敬岺比丘
韓廷瑞	趙東悅	施主　金淵□
徐德行	朴興天	崔益昇
徐德新	金時免	曺靜□
居士德敏	曺日元	山中秩
信女德順	林甲午金	大禪師聚通比丘
處士性心	韓明喆	度鵬比丘
李仁近	癸酉生申	老德大戒比丘
李宗漢	展翔比丘	雲英比丘

福察比丘　　　　　　　　·
朗衍比丘　　　　　　　　·
寬性比丘　　　　　　　　·
時維都德能比丘　　化主秩
時僧鏡永安比丘　　都化主　體珠
前和尚塾奎比丘　　副　　大榮
　　　學心比丘　　　　有伯
三綱秩　　　　　　　　主□
　時和尚軆堅比丘　　　□□
　三輔永瑞比丘　　　　□□
　特勇錦寬比丘　　　　□□
緣化秩　　　　　　　月雨
　誦呪妙蓮比丘　　引勸化□□
　　□□比丘　　　　思眞
　霽察比丘　　　　待後□□
　慶俊比丘　　　　肯捧
　順海比丘　　　　　·
　思直比丘　　　　　·
　最眞比丘　　　　　·
　志一比丘
　爲聰比丘
　尙一比丘
　雪心比丘
　元澤比丘
　修演比丘
供養主　淨順比丘
　　奉衍
　　寶明
　　最安

대광보전 칠성불화

칠성불화(七星佛畵)는 1910년(순종 4)에 제작된 것으로 세로 180센티미터, 가로 304센티미터의 크기이다.

도상은 치성광여래(熾星光如來)를 중심으로 일광(日光)·월광보살(月光菩薩)과 7여래(七如來), 7원성군(七元聖君), 28수, 판관, 사천왕 등이 협시하고 있다. 여러 권속들이 치성광여래를 에워싼 삼각형 구도인데 사천왕의 등장으로 보아 조선 말기 도상의 혼란을 엿볼 수 있다. 엄숙하고 엄격해 보이는 얼굴의 표현에서는 도식적인 수법이 보인다. 적색과 녹색이 탁해지고 국산품의 군청색을 많이 사용하였으며 딱딱하고 날카로운 필선 등에서 조선 말기인 19세기의 경향을 볼 수 있다.

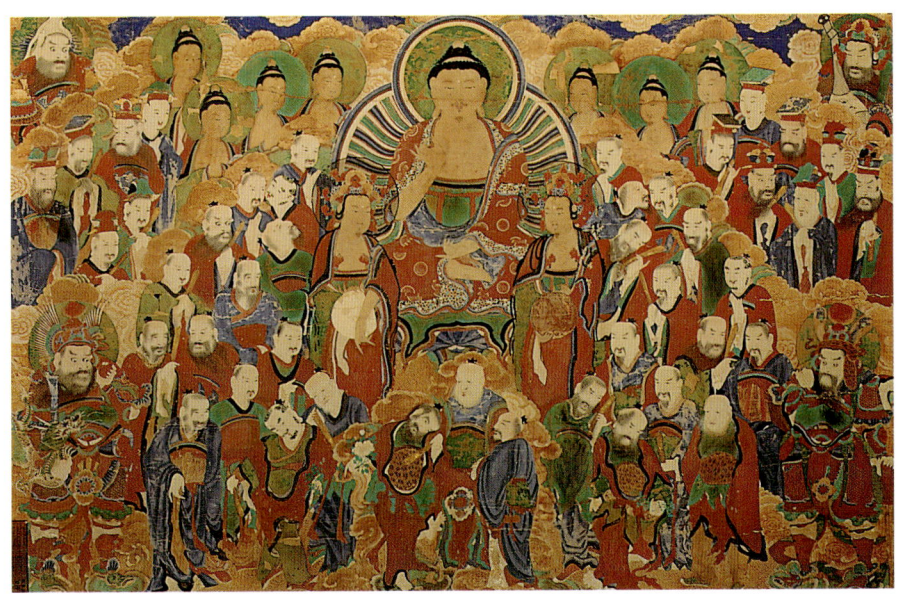

대광보전 칠성불화　엄숙하고 엄격한 모습의 얼굴과 짙은 적색과 녹색의 표현, 그리고 딱딱하고 날카로운 필선 등에서 19세기의 경향을 볼 수 있다.

증명 비구(證明比丘) 보진당(寶鎭堂) 벽안(壁眼)과 금호당 중종〔重鍾, 덧칠한 것으로 보아 약효(若效)의 오류로 보임〕, 포응당(抱應堂) 본선(本善), 금어 비구(金魚比丘) 선률(善律), 상탈(尙脫), 약효, 기口(箕口), 정口(正口), 口호(口昊) 등의 화사가 그렸다.

대광보전 신중화

대광보전의 오른쪽 벽 구석에 걸려 있는 이 신중화(神衆畵)는 세로 147센티미터, 가로 167센티미터의 크기이다. 화기에는 '세존룡생2951년 갑자7월17일조성우(世尊隆生二九五一年甲子七月十七日造成于) 충남공주

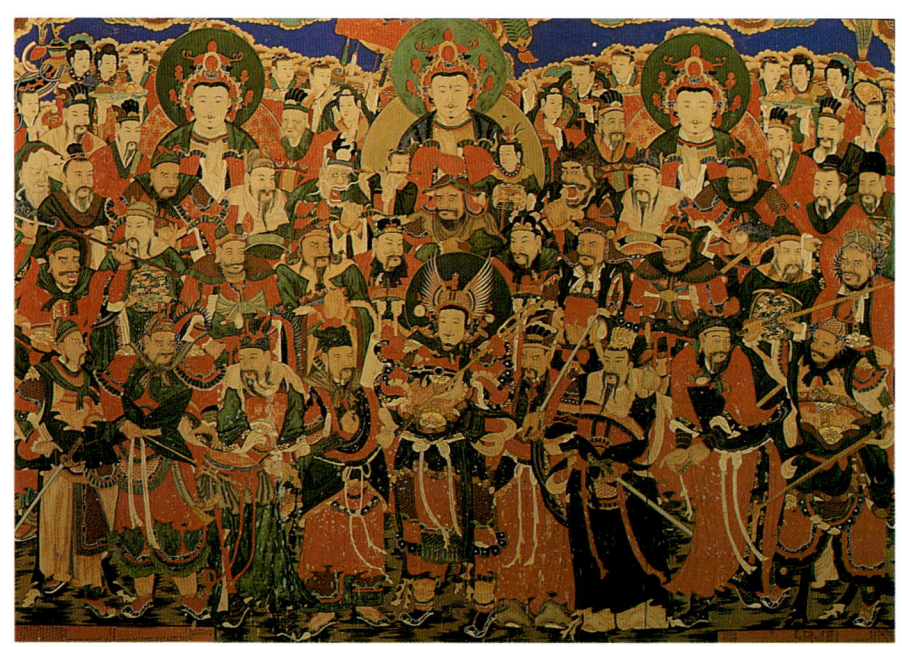

대광보전 신중화 대광보전의 오른쪽 벽 구석에 걸려 있는 이 신중화는 금호당 약효가 1924년에 그린 것이다.

군사곡면태화산마곡사봉안우(忠南公州郡寺谷面泰華山麻谷寺奉安于) 심검당대광보전(尋劒堂大光寶殿)'이라고 기록되어 있다. 1924년에 금호당 약효가 조성한 것으로 보이는데 영산전에도 금호당 약효가 그린 신중화가 있다.

대광보전 수월백의관음보살도와 나한도

1782년에 소실되었다가 다시 재건된 대광보전의 후불벽에는 수월백의관음보살도가 그려져 있고 포벽에는 나한도가 그려져 있다. 이 벽화들은 대광보전이 재건된 뒤에 조성된 것으로 보인다.

관음보살은 관세음보살의 준말로 대승 불교의 성격을 가장 잘 보여준다. '위로는 진리를 찾고 아래로는 중생을 제도한다(上求菩提 下化衆生)'는 불교의 이상을 몸소 실천하는 자비의 화신이다. 예로부터 우리나라 대중들에게 가장 친근하며 열렬한 환영을 받아 온 보살이다.

관음보살에 관한 경전 가운데 『묘법연화경』「관세음보살보문품(觀世音菩薩普門品)」 권 제25와 『화엄경(華嚴經)』「입법계품(入法界品)」의 내용은 대승 불교권에서 가장 인기 있고 보편적인 경전의 내용을 도상화한 것이다.

일반적으로 남쪽의 보타락가산(補陀洛迦山)에 거주하면서 중생을 제도하는 관음보살은 기암괴석 위에 안락좌(安樂座)로 앉아 있고 흰 사라와 백의를 입은 모습으로 그려진다. 화엄경과 화엄신앙의 유행에 따라 보타락가산에 살고 있는 관음보살을 선재동자(善財童子)가 방문하여 청문하는 장면을 소재로 한 도상들이 유행하기 시작하였는데 특히 고려시대 도상들에서 가장 많이 보이며 조선시대에 이르면 후불벽 뒤쪽에 그려진다.

이 벽화의 관음보살 역시 기암괴석 위에 안락좌로 앉아 있고 흰 사라와 백의를 입은 전형적인 형식이다. 선재동자는 기암괴석 위에서 관음보살을 향하여 합장하고 그 맞은편에는 정병이 묘사되어 있다. 기암괴석 위에는 18세기 후반 산수화의 특징이 담긴 초화들이 보인다.

포벽이나 천장에 그려진 나한도들은 예배 대상이라기보다는 건물을 장식하기 위한 불화이다. 나한은 석가여래가 열반한 뒤 미륵불이 나타나기까지 열반에 들지 않고 이 세상에 있으면서 불법을 수호하도록 위임받는 분들이다.

16나한의 명칭은 「대아라한난제밀다라소설법주기(大阿羅漢難提密多羅所說法住記)」에 보이고 있다. 한 장면마다 기암괴석과 나무를 배경으로 한 나한들의 자유스러운 동작과 표정, 바람에 휘날리는 듯한 활달한 필치를 엿볼 수 있다.

대웅보전 삼세불화

1905년(고종 9)에 조성된 이 삼세불화는 각각 세로 270센티미터, 가로 156센티미터의 크기이며 3폭으로 구성되었다.

중앙의 석가불화를 중심으로 그림을 바라볼 때 왼쪽에는 아미타불화를, 오른쪽에는 약사불화를 봉안하였다. 석가불화는 8대 보살, 벽지불, 10대 제자, 제석과 범천, 2신중, 2동자로 구성되었다. 아미타불화는 6대 보살, 벽지불, 10대 제자, 제석과 범천, 2천왕, 2신중, 2동자로 구성되었고 약사불화는 6대 제자, 벽지불, 10대 제자, 제석과 범천, 2천왕, 용왕과 용녀, 아자타삿투 왕과 베데히 왕비, 4구의 동자와 동녀들로 구성되었다.

이러한 도상의 특징을 보면 첫째, 석가불화를 중심으로 양쪽의 불화에 사천왕을 나누어 배치하였고 중앙에는 사천왕이 생략된 구도이다. 둘째, 팔부중의 구성이 각 폭마다 서로 나누어 배치되었다. 셋째, 아미타불과 약사불의 협시인 좌우 보처의 존상이 뚜렷하지 않다. 곧 아미타불의 주요 협시인 관음과 지장보살이 등장하지 않고 약사불에서도 주

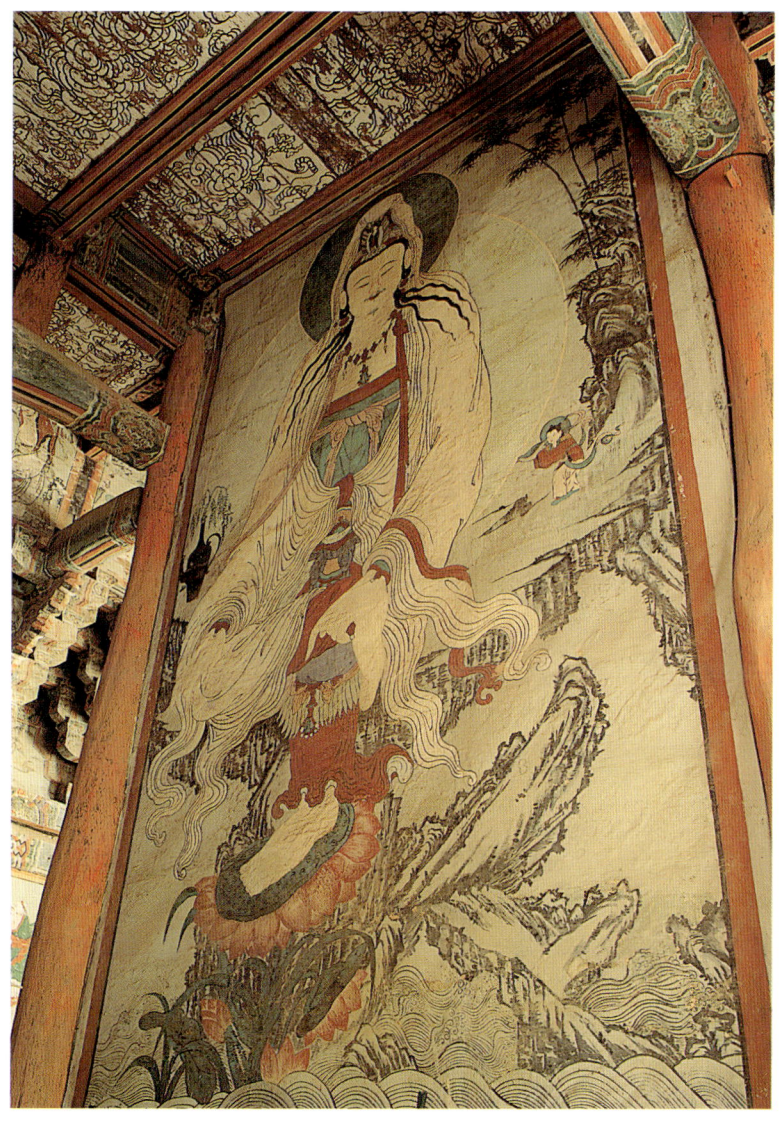

대광보전 수월백의관음보살도 기암괴석 위에 흰 사라와 백의를 입은 관음보살이 안락좌
로 앉아 있고 선재동자가 관음보살을 향하여 합장하고 있다.

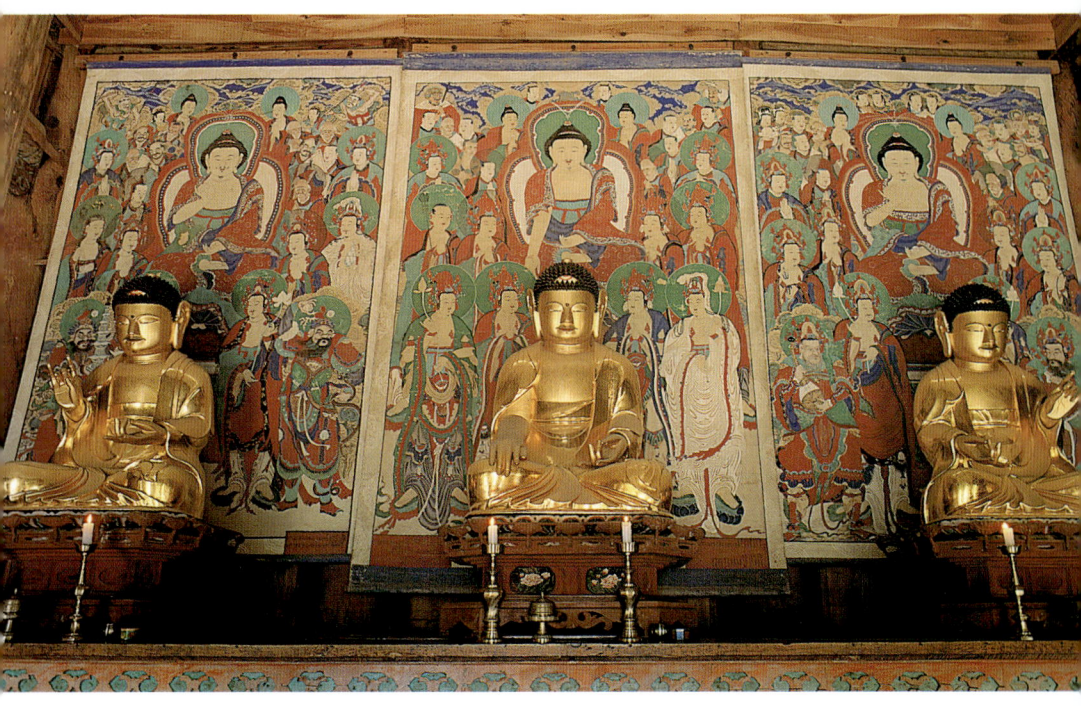

대웅보전 삼세불화 중앙의 석가불화를 중심으로 그림을 바라볼 때 왼쪽에는 아미타불화를, 오른쪽에는 약사불화를 봉안하였다. 본존에 비해 권속들의 얼굴 표정이 도식적이다.

요 협시인 일광과 월광보살이 보이지 않는다.

아미타불과 약사불에서 주요 좌우 협시보살은 각각 연꽃가지를 들고 있는 도상으로 나타나는 반면에 석가불에서는 좌우 보처인 문수와 보현보살의 지물인 연꽃을 그 옆에 있는 관음보살과 미륵보살이 대신 들고 서 있다. 이러한 면은 조선 말기 도상의 혼란을 그대로 보여 주고 있다.

한편 옆으로 퍼진 육계(肉髻, 부처의 정수리에 솟아 있는 상투 모양의 혹)와 구불구불한 선만을 표현한 나발(螺髮), 양 어깨를 덮은 통견 법의에서 보이는 건장함 등에서 엄격하고 근엄함을 엿볼 수 있다. 기타

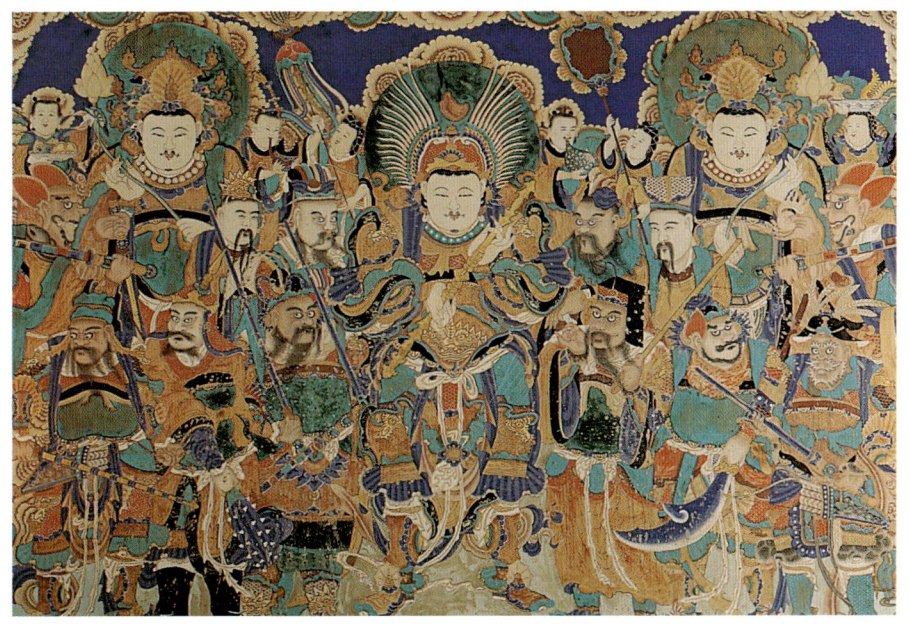

대웅보전 신중화 위태천을 중심으로 좌우에 제석과 범천이 협시한 전형적인 도상이다. 위태천은 깃털을 장식한 투구를 쓰고 금강저(金剛杵)를 들고 있는 무장한 모습이다.

권속들은 본존에 비해 도식적인 얼굴 표정을 짓고 있으며 본존을 중심으로 가로로 배치된 구도가 더욱 형식적인 느낌을 준다. 홍색, 녹색, 양록색, 군청색 등의 색채도 칙칙하여 탁하게 보인다.

출초 비구(出草比丘) 천암(天庵) 정연(定淵)과 성주(性周), 상□(尙□), 유□(宥□), 성화(性曄) 등의 화사가 그렸다.

대웅보전 신중화

1910년에 제작된 이 신중화는 세로가 156센티미터, 가로가 270센티미터로 비교적 작은 크기이며 대웅보전의 오른쪽 벽에 봉안되어 있다. 위태천(韋太天)을 중심으로 좌우에 제석과 범천이 협시한 전형적인 도상이다.

위태천은 깃털을 장식한 투구를 쓰고 금강저(金剛杵)를 들고 있는 무장한 모습이며 좌우의 제석과 범천은 연꽃가지를 들고 있다. 상단에는 악기를 연주하거나 번(幡)과 부채 모양의 천개를 든 동자와 동녀가 시립하고 있고 하단에는 창과 칼 등의 무기를 든 신장들이 가득 차 있다. 인물들의 딱딱한 표정과 균일화되고 획일화된 배치, 그리고 탁하고 칙칙한 황토색과 양록색, 군청색의 색채 사용에서 조선 말기의 특징이 나타나 있다.

출초 비구(出草比丘) 봉주(奉珠)와 운응당(運應堂) 성주(聖周), 봉종(奉宗), 대흥(大興) 등의 화사가 그렸다

심검당 신중화

위태천을 중심으로 제석과 범천이 협시한 전형적인 도상이다. 위태천은 깃털을 장식한 투구를 쓰고 합장한 손 위에 금강저를 얹은 모습이며 제석과 범천은 두 손을 모아 합장하고 있다. 이들 좌우의 상단에는 악기와 번, 공양 접시를 들고 있는 동자와 동녀들, 원유관(遠遊冠)을 쓴 판관이 배치되어 있다. 하단에는 무기를 든 신장들이 있다.

이 신중화는 화기가 없어서 연대를 알 수 없으나 짙고 칙칙한 색채와 도식적이고 형식화된 얼굴 표정, 신체의 표현 등에서 1910년 이후에 제작된 것으로 보인다.

명부전 지장보살도

지장보살을 중심으로 무독귀왕(無毒鬼王)과 도명존자(道明尊者), 6보살, 2천왕, 동자와 동녀로 구성되어 있다. 권속에 비해 지장보살을 크게 묘사하였다.

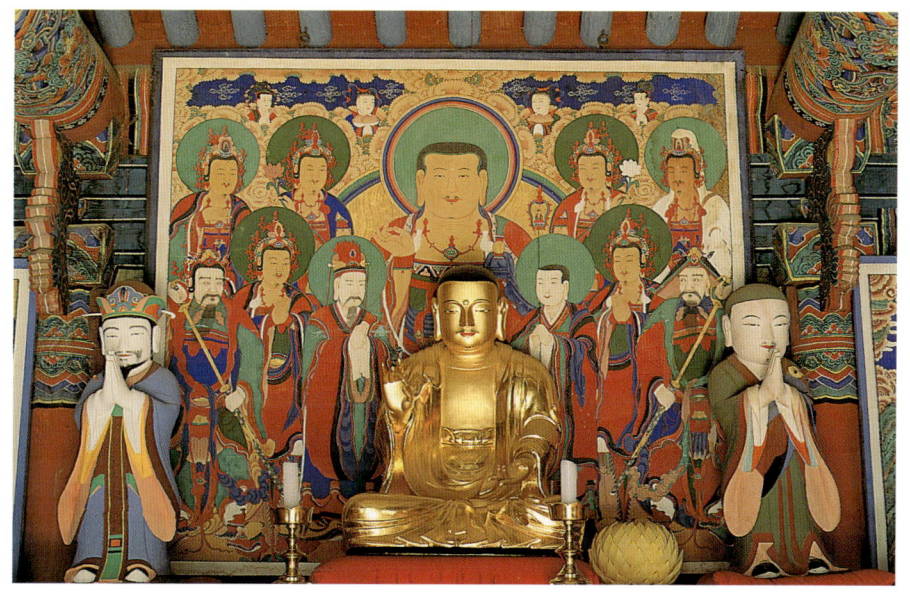

명부전 지장보살도 지장보살을 중심으로 무독귀왕과 도명존자, 6보살, 2천왕, 동자와 동녀로 구성되어 있다.

명부전 시왕도

지장보살도의 좌우로 10폭의 시왕도와 직부사자도(直符使者圖), 감제사자도(監齊使者圖)가 있는 전형적인 명부전의 배치이다. 시왕도의 크기는 각각 세로 144센티미터, 가로 110센티미터이며 1928년에 조성된 것으로 보인다.

제1대왕도는 금어 비구 봉영(琒榮)이 그린 것이고 제2대왕도는 관준(寬俊), 제9대왕도는 봉주(奉珠), 제10대왕도는 봉영(琒榮)이 그린 것이다.

현재 명부전에는 지장보살도와 시왕도 등의 불화와 지장보살상을 비롯한 여러 상들이 봉안되어 있다. 「명부전 창건기」에 따르면 1937년에

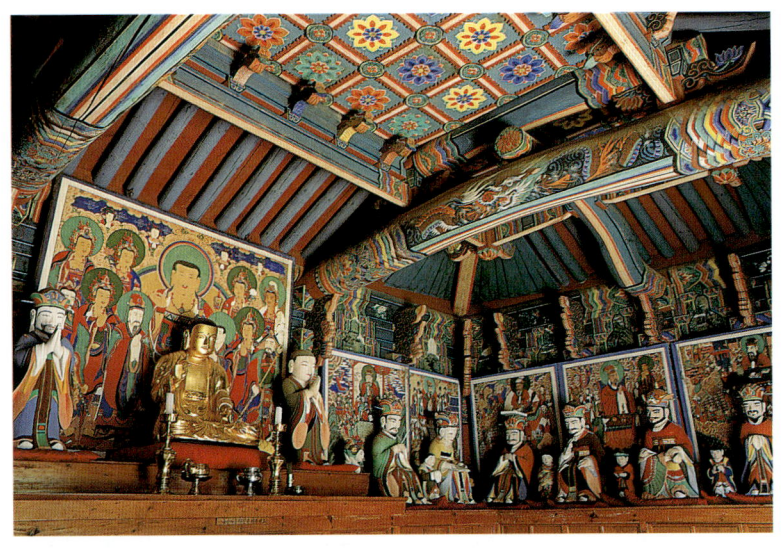

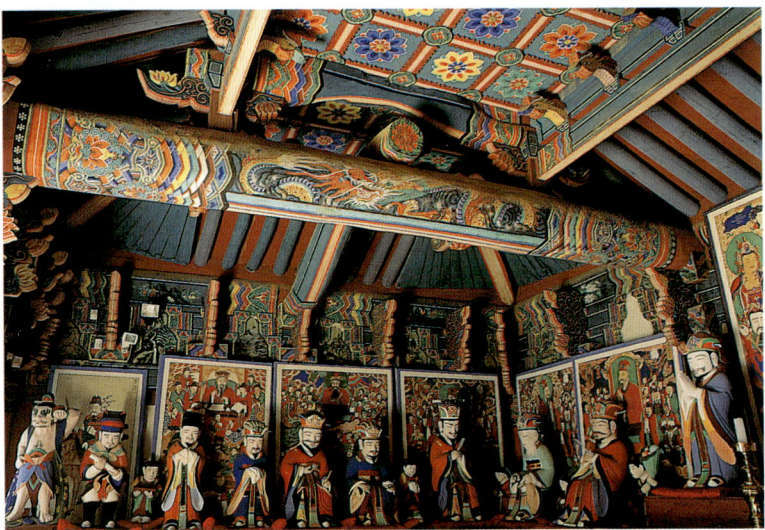

명부전 시왕도 지장보살도의 좌우에는 10폭의 시왕도와 직부사자도, 감제사자도가 배치되어 있다. 각각 세로 144센티미터, 가로 110센티미터의 크기이며 1928년에 조성된 것으로 보인다.

명부전이 중건된 뒤에 각각의 불상과 불화를 충청남도와 전라북도에서 옮겨 와 안치하였다.

대광보전 불상

대광보전의 불상은 두 손을 가슴에 모으고 왼손의 검지를 세워서 오른손 안에 넣은 지권인을 한 비로자나불로 진리를 상징하는 부처님이다. 건물 정면에서 바라볼 때 왼쪽에 불상을 봉안하여 부처님이 동쪽을 바라보도록 하였다.

불상의 특징을 살펴보면 먼저 약간 긴 듯한 얼굴에 두 볼이 풍만하며 정상 계주(髻珠, 끝이 뾰족하고 붉은색을 띤 반달형의 중심 계주)를 표현하지 않고 반달형의 중앙 계주만 표현하였다. 양 어깨가 건장하고 가슴이 넓고 풍만하며 앉은 상태에서 상체가 길고 무릎의 길이가 짧다. 또 왼쪽 손가락 끝으로 오른쪽 손가락 끝을 덮어 누르고 있는 독특한 손 모양을 하고 있다.

이 불상의 조성 시기에 대하여는 서로 다른 견해가 있다. 우선 약간 긴 듯한 얼굴과 풍만한 두 볼, 곱게 표현된 양손과 옷자락이 낙산사 보살상, 서산 보원사지에서 출토된 철불, 청양 장곡사의 금동약사여래상과 같은 고려시대의 불상과 유사하다고 본다.

또 이 불상은 조선시대 작품으로 간주되기도 한다. 그 이유는 풍만한 두 볼의 표현이 상원사 문수동자상(1466년경)과 유사하며 손 모양은 광덕사 천불전의 비로자나불상(1457년경)과 같으나 반대로 표현되어 있기 때문이다.

어깨에 옴자형으로 접힌 옷주름 장식과 무릎에서 결가부좌한 다리에 넓게 타원형으로 걸쳐 좁은 주름이 잡혀 있는 점은 중국 명나라의 영향

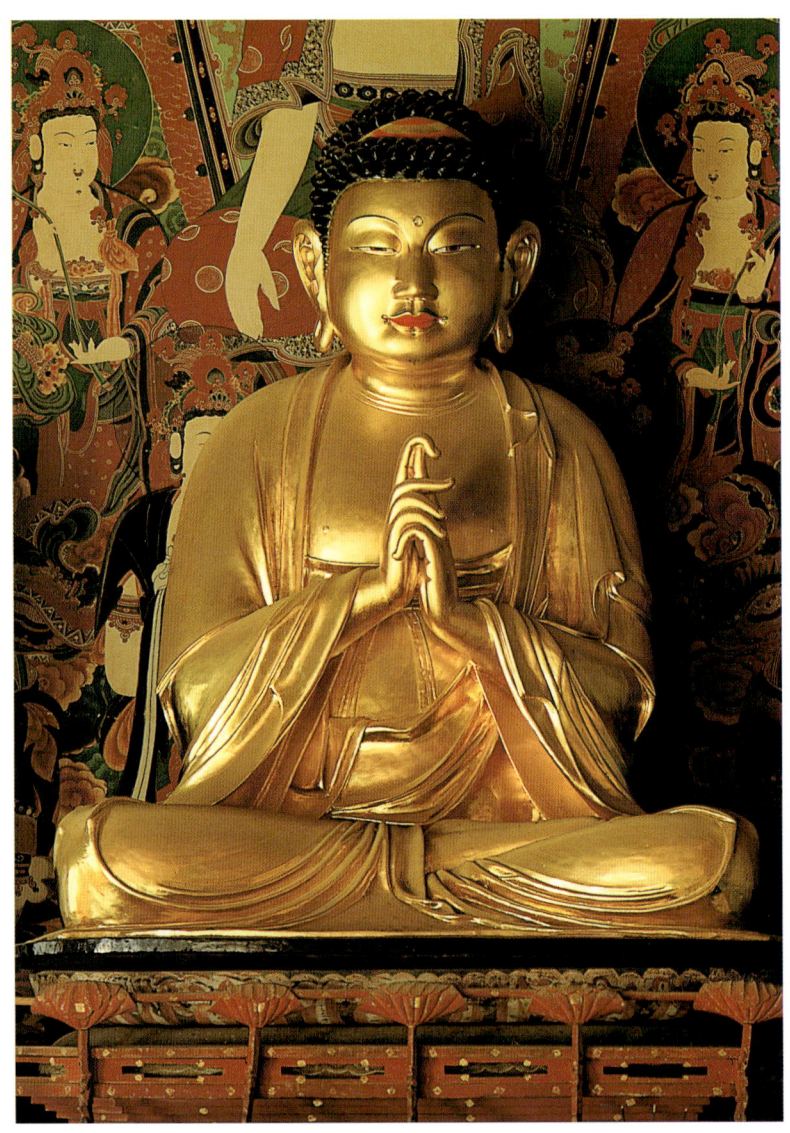

대광보전 불상 지권인을 하고 있는 비로자나불로 진리를 상징하는 부처님이다. 왼쪽 손가락 끝으로 오른쪽 손가락 끝을 덮어 누르고 있는 독특한 손 모양을 하고 있다.

을 그대로 반영하고 있는데 광덕사 불상의 옷주름은 각이 지고 넓게 주름이 잡혀 형식화되어 보인다.

한편 최근의 개금불사(改金佛事) 때 복장 유물에서 '순치 9년(1652)'이라는 명문이 나와 시대를 추정할 수 있는 정수사 극락전의 본존불에서는 정상 계주가 나타나고 무릎의 옷주름이 더 형식화되어 접혀진 모습으로 변하고 있다.

이러한 특징들을 통해 마곡사 대광보전의 불상을 15세기를 전후하여 조성된 광덕사 천불전 불상과 상원사 문수동자상, 정수사 극락전 본존불과 유사한 계열로 보고 있는 것이다.

현 판

대광보전

현판에 표암이라는 낙관이 있는 것으로 보아 강세황의 글씨이다. 인근에 그의 향저가 있으므로 마곡사와 강세황 사이에 어떤 연관이 있었으리라 여겨진다. 대광보전의 개건이 완성된 때에 글씨를 썼다면 그의 나이 76세로 최고조에 달하였던 시기이다. 글씨체는 약간 흘림체이며 힘이 있고 유려하다.

영산전

「사적입안」에 따르면 세조가 1465년에서 1487년 사이에 마곡사에 들렀다가 '靈山殿'이라는 세 글자와 수패를 내려 주셨다고 한다. 현재 영산전에 걸려 있는 현판에는 '세조어필'이라는 방서(芳書)가 있어 세조의 친필로 전하고 있다. 그러나 17세기에 궁궐과 사찰의 편액에 많이 쓰인 힘이 있고 반듯하게 쓴 글씨체로 보아 영산전을 중수할 당시인

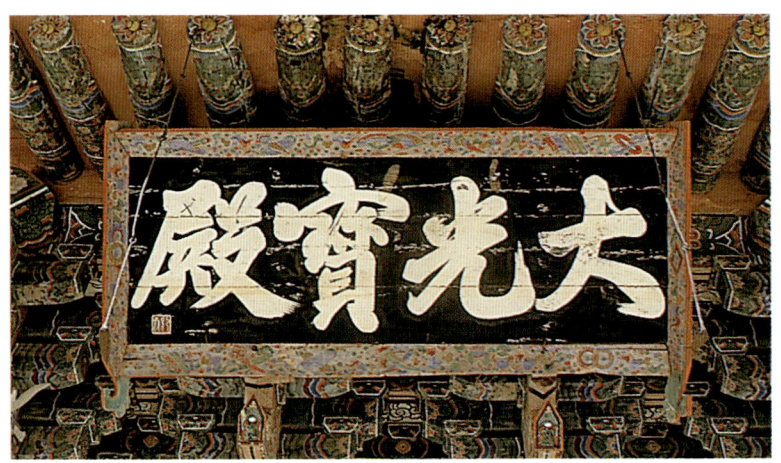

대광보전 현판 표암(豹菴)이라는 낙관으로 보아 강세황(姜世晃)의 글씨이다. 글씨체는 약
간 흘림체로 힘이 있고 유려하다.

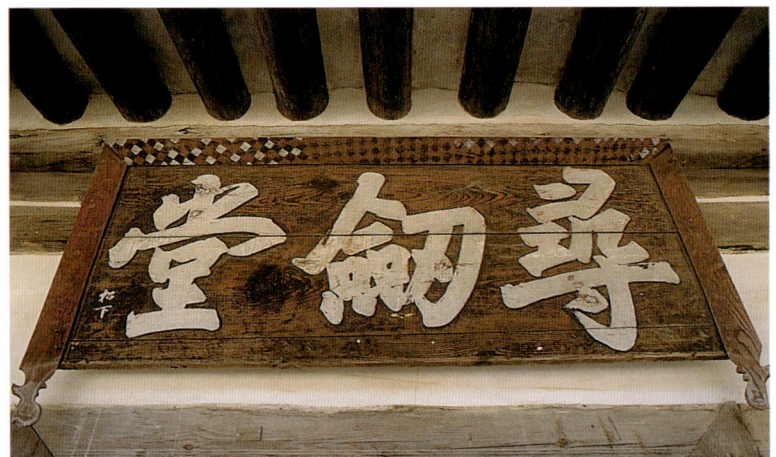

심검당 현판 정조 연간에 청백한 관리로 이름난 송하(松下) 조윤형(曺允亨)의 글씨이다.
'심검(尋劍)'은 지혜의 칼이라는 뜻이다.

1650년에 쓰인 것으로 추정된다.

심검당과 마곡사

심검당에는 '尋劍堂'이라는 현판과 '麻谷寺'라는 현판 두 개가 걸려
있다. 심검당 현판은 정조 연간에 청백한 관리로 이름난 송하 조윤형의
글씨이다.

조윤형은 초서(草書)와 예서(隸書)에 뛰어난 자하(紫霞) 신위(申緯,
1769~1847년)의 장인이기도 하다. 여러 지방 고을의 수령을 지내면서
도 뒤주에 남은 곡식이 없을 정도로 가난하고 청빈했던 생활이 그의 글
씨에서도 나타나는데 굵직하면서도 날카로운 느낌을 준다. 지혜의 칼
이라는 '심검(尋劍)'이라는 의미와도 상통하는 글씨체이다.

마곡사 현판은 근대 서화가인 해강(海剛) 김규진(金圭鎭, 1868~1933
년)의 글씨이다. 해강은 중국에서 8년 동안 수학하였으며 돌아와서는
궁중에서 영왕(英王)의 서법을 지도하였다. 또 1911년에는 서화미술회
를, 1915년에는 서화연구회를 발족하여 근대적인 미술 교육기관에 참
여하기도 하였다. 모든 서법에 자유로웠으며 특히 대필서(大筆書)가
당대의 독보적이었다고 한다. 현판 양쪽을 초화와 화훼(花卉)로 꾸미
고 검은 바탕에 흰색의 글씨를 초서로 썼는데 당시 청나라에서 들어온
첨단 유행을 엿볼 수 있다.

공예품

목어

통나무를 깎아 물고기 모양으로 만들고 그 속을 파서 두드리면 소리
가 나는데 이것이 바로 목어이다. 염불과 독경, 예배 등의 의식을 행할

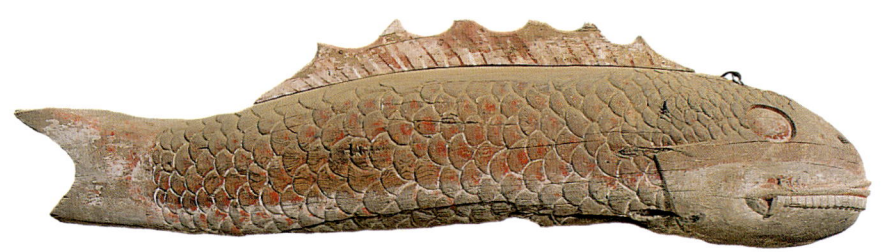

목어 물 속에 사는 물고기들을 구원하기 위한 것으로 큰 입과 눈, 비늘과 지느러미의 모습을 사실적으로 묘사하였다.

때 쓰며 절의 종루나 누각에 걸어 놓는다.

물고기 모양으로 만들기 때문에 목어라고 하는데 그 이름에 얽힌 두 가지 전설이 전하고 있다. 옛날 스승의 가르침을 어겨 죽은 뒤에 등에 커다란 나무가 있는 물고기로 변한 제자가 있었다. 스승이 그를 위하여 수륙재를 베풀어 전생의 업보를 벗겨 주자 고마움의 표로 등에 있는 나무로 물고기 형상을 만들어 소리를 내어 수행자들에게 좋은 교훈을 주는 법구로 삼았다고 한다. 또 물고기가 밤낮을 가리지 않고 눈을 감지 않으므로 수행자로 하여금 밤낮으로 도를 닦으라는 의미에서 물고기 모양으로 만들었다고도 한다.

목어가 물 속에 사는 물고기들을 구원한다면, 범종은 지옥에 빠진 중생의 고통을 덜어 주고, 법고는 네발 달린 짐승들을 구원하기 위함이며, 운판은 날아다니는 짐승들을 구원하기 위한 것이라 한다. 이 네 가지가 소리를 내어 불교 의식의 장엄한 분위기를 살리는 의식 법구이며 4보(四寶)라고 한다.

마곡사의 목어는 길이가 213.1센티미터, 너비가 44.7센티미터, 높이가 56.5센티미터이며 배의 바닥 부분을 28센티미터 정도 파내었다. 큰 입과 눈, 비늘과 지느러미의 모습을 사실적으로 묘사하였다.

범종

마곡사의 종에는 '순치11년갑오춘충청도대흥지사자산안곡사대종조성 (順治十一年甲午春忠淸道大興地獅子山安谷寺大鍾造成)'이라는 명문이 있어 지금은 폐사가 된 안곡사에 있었고 1654년(효종 5)에 주조되었다는

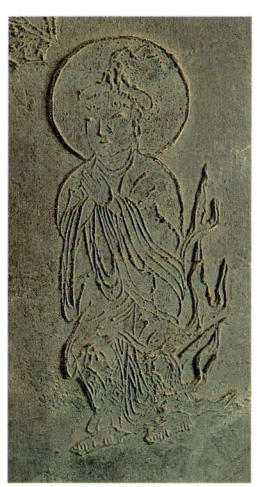

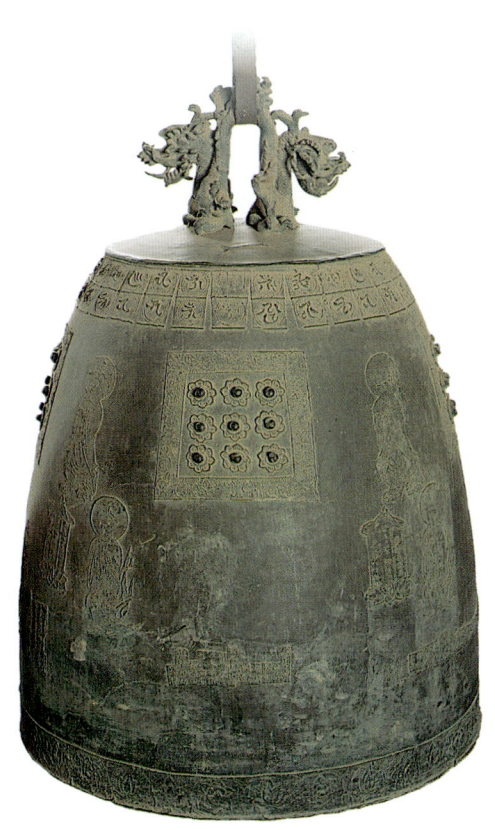

범종 종신의 형태는 포탄의 상하를 자른 듯하며 꼭대기는 수평에 가까운 납작한 곡선을 취하고 있다. 유곽과 유곽 사이에는 합장을 한 보살상이 상하로 배치되어 있다.

사실을 알 수 있다.

전통 양식을 취하고 있는 이 범종은 한국적인 특색을 몇 가지 갖추고 있다. 첫째, 용뉴(龍鈕)가 쌍두 형식이며 음관(音管)이 없다. 둘째, 종신의 형태가 포탄의 상하를 자른 듯하며 꼭대기는 수평에 가까운 납작한 곡선을 취하고 있다. 종 몸체의 상부에 해당하는 천판(天板)은 반구형이고 외형선은 어깨 부분에서 외곽으로 벌어지다가 종의 배 부분에 이르러 수직으로 내려온다. 셋째, 상대(上帶)에는 범(梵)자문이 있고 하대(下帶)에는 모란당초문이 구연부(口緣部)에 붙어 있다. 넷째, 유곽(乳廓)이 정사각형에 가까운 사다리꼴이며 배 부분에 배치되어 있다. 일반적으로 종의 유곽은 17세기 말까지는 상대에 사다리꼴로 붙어 있었으나 18세기 초부터는 정사각형으로 상대에서 분리되어 종의 배 부분에 배치된다. 다섯째, 합장을 한 보살상이 유곽과 유곽 사이에 상하로 배치되어 있고 종을 치는 부분인 당좌(撞座) 위치는 위패형으로 장식하였다. 여섯째, 보살상 아래로 하대 가까운 곳에 명문이 있다.

이처럼 마곡사의 범종은 17세기 말의 양식이 끝나고 18세기 초의 양식이 시작되는 새로움을 보여 주고 있다. 보언, 법현, 민화, 조법 등의 주조장(鑄造匠)이 만들었으며 충청남도 유형문화재 제62호로 지정되어 있다.

향로

불보살 앞에 향을 공양하기 위한 불구인 향로는 인도에서 유래되었다. 인도에서는 날씨가 더운 관계로 냄새를 없애기 위하여 향을 몸에 바르고 부처님과 스님에게 공양하였는데 그 뒤에 마음을 청정케 하는 공양 의식에 사용되었다.

마곡사의 향로는 충청남도 유형문화재 제20호로 지정되어 있으며 현재 동국대학교 박물관에 소장되어 있다. 청동 바탕에 문양 부분을 파내

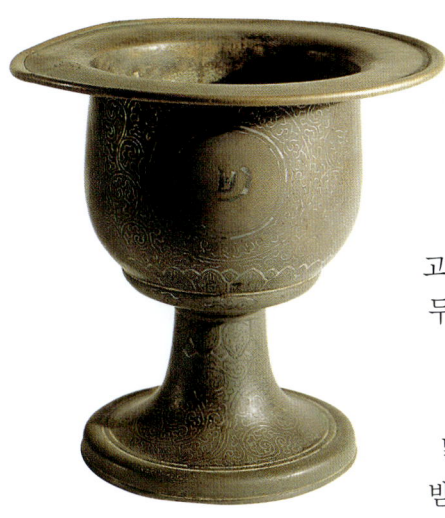

향로 은입사 기법으로 만든 향로로 몸체와 받침대가 별도로 주조되었으며 2단의 볼록한 돌기가 몸체와 받침대를 연결시키고 있다.

고 착(鏨)이라는 연장으로 은실을 두드려 박아 넣는 은입사 기법으로 만든 향로이다.

넓은 입구가 있는 몸체와 위가 넓고 아래가 좁은 나팔꽃 모양의 받침대로 구성된 고려, 조선시대 향로의 전형이다.

몸체와 받침대가 별도로 주조되었으며 2단의 볼록한 돌기(隆帶)가 몸체와 받침대를 연결하고 있다. 입구 부분은 거의 수평을 이루다가 안쪽으로 급격히 단축되며 표면에 가는 선으로 구름문을 입사하였다. 몸체는 아랫부분이 약간 부른 형태이며 4면에 범(梵)자를 새긴 고리점무늬(圓圈文)가 있는데 3줄의 선과 여의두문으로 장식하였다. 그 사이 사이에는 당초문(唐草紋)을 새겼고 하반부에는 복판(腹板)에 앙련문(仰蓮紋, 꽃부리가 위로 향한 연꽃 무늬)을 새겨 몸체에 빈 공간을 남기지 않았다.

받침대와 몸체를 연결하는 2단의 볼록한 돌기에는 문양을 새기지 않았고 맨 아랫부분에는 1단의 테두리 장식을, 원형돌기에는 단순한 구름 문양을 새겼다. 받침대의 나머지 부분에도 몸체와 마찬가지로 복련(覆蓮, 꽃부리가 아래로 향한 연꽃 무늬)과 당초문으로 여백을 메웠다. 몸체와 받침대의 비례는 1.32:1이며 받침대 높이가 급격히 떨어지는 점으로 보아 고려 말기에 조성된 것으로 보인다.

이러한 양식의 특징은 통도사 소장 은입사향완(보물 제334호)과 국립부여박물관 소장의 함평(咸平) 궁주방명(宮主房銘) 은입사향완, 국립중앙박물관 소장의 전 용문사 은입사향완 등과 비슷하지만 좀더 단조롭고 도식화되며 선이 경직된 점을 볼 수 있다.

연(가마)

연(輦)은 불보살을 모시거나 재자(齋者)가 직접 타고 불세계에 왕생하기 위하여 사찰 경내를 도는 불교 의식을 행할 때 사용한다. 통일신라시대의 불국사 석가탑 출토 사리구와 칠곡 송림사 전탑 출토 사리구의 형태가 연의 형태와 유사하기 때문에 예로부터 연을 만들어 사용하여 왔던 것으로 보인다. 그리고 조선 후기에 들어서면서 다양한 불교의식과 함께 연의 제작이 보편화되었다. 1670년에 제작된 불영사 소장의 연이 현재 전하는 최고(最古)의 것이다.

연의 형태는 연을 들기 위한 손잡이와 받침대 부분, 몸체와 지붕 부분으로 나눌 수 있다. 받침대는 몸체를 올려 놓기 위한 석탑의 탑신과 같은 형태이며 앞뒤에 두 개씩 네 개의 손잡이 부분에 용을 장엄하였다. 몸체는 네 기둥에 창살이 있는 벽체를 만들고 그 위에 지붕을 올려 놓은 형태가 일반적인데 이 연은 몸체 부분이 없어졌다. 받침대와 난간, 손잡이 부분에는 붉은 칠이나 검은 칠을 하고 여러 가지 문양을 투각이나 음각하여 채색하였다.

받침대에는 오색의 띠가 겹겹이 둘러진 휘 문양(비늘이나 물결, 그물 모양의 문양)을, 난간의 궁창에는 불단에 등장하는 연꽃과 수미산 주위의 구산(九山)에 사는 동물, 팔해(八海)에 사는 물고기류 등이 장식되었다. 난간의 사방 모서리에는 동자가 조각되어 있고 동물과 연잎으로 장엄하였다. 옥개석 모양의 지붕은 검은색, 처마는 황색으로 처리하여 난간 부분의 화려함과 어우러져 장엄한 분위기를 갖추고 있다.

사 경

사경은 불상의 복장(腹藏)이나 탑의 사리를 봉안할 때 진신사리(眞身舍利) 대신에 법사리용(法舍利用)으로 봉안되는 공덕경(功德經)의 의미를 지니고 있다. 이러한 신앙적인 뜻에서 고려시대에는 겉표지와 안표지의 그림을 금은니로 하였는데 당대 최고의 재료와 기술로 만들어 화려한 장식경의 의미를 첨가하였다.

마곡사 소장의 『법화경』 권 제1·6·7의 세 권이 현재 국립중앙박물관에 기탁, 보관되어 있다. 그 가운데 권 제1(보물 제269호)과 제7은 한 질이며 원래 광덕사 소유이나 동국대학교 박물관에 소장되어 있는 권 제4·5·6(보물 제390호)과 한질본으로 조선 초기에 조성되었다. 권 제6(보물 제270호)은 고려 말기에 조성되었다. 원래는 마곡사에서 이 사경들을 보관하였는데 도난을 당하였다가 다시 회수하여 1959년 이후부터 국립중앙박물관에서 보관하고 있다.

감지은니묘법연화경 권 제1과 7

『법화경』은 산스크리트어로 'Saddharmapundarika Sutra'라 하며 '흰 연꽃과 같은 훌륭한 가르침'이라는 뜻을 지니고 있는 화엄경과 더불어 대승 불교의 2대 경전 가운데 하나이다.

마곡사의 『감지은니묘법연화경(紺紙銀泥妙法蓮華經)』은 세로 41.9센티미터, 가로 14.3센티미터 크기의 대형이다. 겉표지에는 금은니로 보상당초문과 경문의 표제를 그렸지만 안표지에는 각각 권 제1과 제7의 내용을 묘사하였다. 권 제7의 발문(跋文)에 따르면 조선 세종 4년인 1422년에 덕명 비구(德明比丘)가 어머니의 극락왕생을 위하여 발원하였으며 전현감(前縣監) 이숭례(李崇禮) 부부 등 여러 사람들의 시주로 사성(寫成)되었다고 한다.

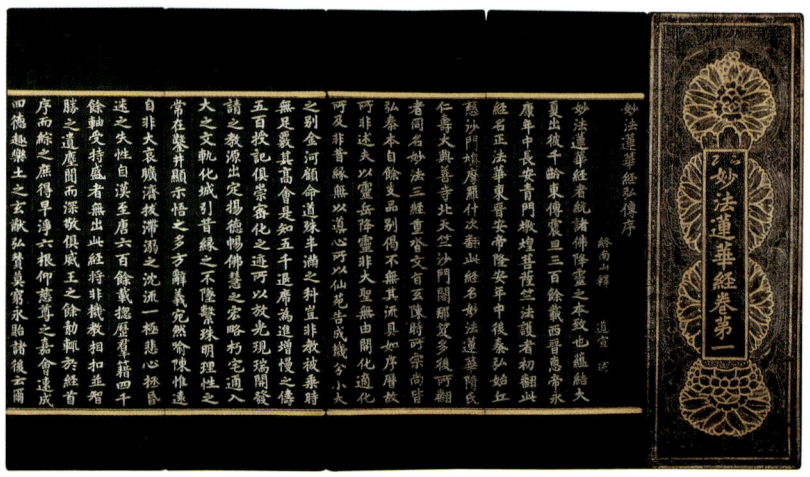

감지은니묘법연화경 권 제1의 서문 겉표지에는 금은니로 보상당초문과 경문의 표제를 그렸지만 안표지에는 각각 권 제1과 제7의 내용을 묘사하였다. 권 제1의 내용은 「서품(序品)」과 「방편품(方便品)」이다.

　안표지 그림인 변상도의 형식을 보면 화면의 3분의 2 가량은 석가불이 영축산에서 대중이 모인 가운데 법화경을 설하는 장면인 영산회상도를 그린 것이고 왼쪽 3분의 1은 경문의 내용을 그린 것이다.

　권 제1의 내용은 「서품(序品)」과 「방편품(方便品)」이다. 설법도 윗부분에는 백호광명상(白毫光明相)이 있으며 석가의 백호에서 길게 뻗어 나온 세 가닥의 광명 안에는 불전의 일부인 열반상(涅槃相)과 육도륜회(六道輪廻)의 장면, 높은 성벽 위에 갇힌 지옥 장면이 묘사되어 있다.

　왼쪽 상단에는 「방편품」의 내용이 있는데 지옥의 죄인을 구제하는 장면과 여래상에 공양, 예배하는 장면 그리고 삼존불이 봉안된 불전에 주악 공양(奏樂供養)하는 무리가 묘사되어 있다. 하단에는 어린아이들이 흙으로 탑을 만들어 예배하는 장면과 불상, 불화를 제작하는 장면을 그렸다.

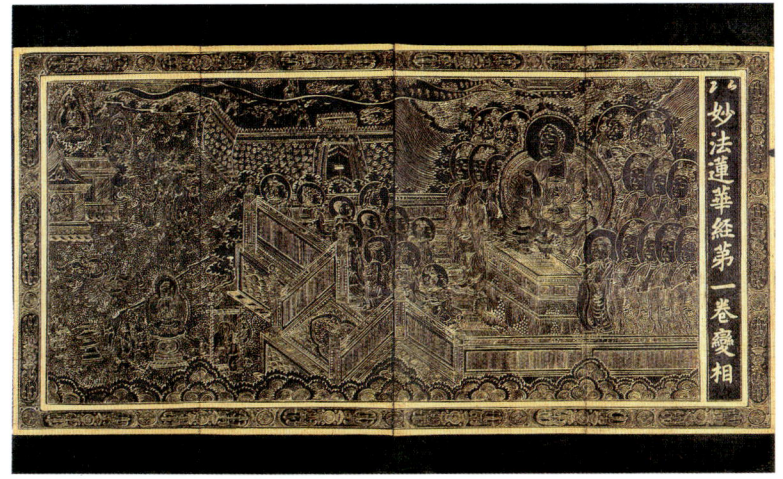

감지은니묘법연화경 권 제1의 변상도 화면의 3분의 2 정도는 석가불이 영축산에서 대중이 모인 가운데 법화경을 설하는 장면인 영산회상도를 그린 것이고 왼쪽 3분의 1은 경문의 내용을 그린 것이다.

권 제7의 내용은 「묘음보살품(妙音菩薩品)」과 「관세음보살보문품(觀世音菩薩普門品)」, 「다라니품(陀羅尼品)」, 「묘장엄왕본사품(妙莊嚴王本事品)」, 「보현보살권발품(普賢菩薩勸發品)」이다.

도상은 백호광명 안의 동방제불(東方諸佛)을 그린 것으로 석가의 계주에서 뻗어 나오는 빛이 동방의 수많은 부처님의 세계를 비추었다는 장면을 묘사하였다. 광명의 아래에 2불병좌상(二佛幷坐像)이 봉안된 보탑은 동방 세계에서 날아온 묘음보살(妙音菩薩)이 다보불(多寶佛)을 예배하는 장면을 나타낸 것이며 묘음보살은 생략되었다.

보탑의 왼쪽으로 코끼리를 탄 보현보살은 「보현보살권발품」을 묘사한 것이다. 관음보살의 7난 구제(七難救濟) 장면은 불 속에 있거나 호랑이와 뱀처럼 사나운 짐승을 만나는 등 7가지의 어려움에 처하였을 때 일심(一心)으로 관세음보살의 이름을 부르면 모든 고통에서 벗어나게 해준다는 장면을 그린 것이다.

이 사경 변상도의 특징은 첫째, 구도와 배치에서 오른쪽 3분의 2는 설법도를, 왼쪽 3분의 1은 설화도를 묘사하였는데 설법도가 설화도보다 비중이 크다. 청문중이 크게 묘사되고 수가 많아지면서 줄을 맞춘 듯 일정하게 배치가 고정되었다. 설화도에서는 점 문양을 사용하여 각각의 장면을 구획으로 나누며 여백을 온통 산화(散花)로 처리하여 도식적이다.

둘째, 존상의 표현에서 석가는 청문중을 향하여 측면관을 보이고 있는데 설법에 열중하는 순간의 동감(動感)을 잘 포착하였다. 설화도의 인물 묘사에서는 자유스러움이 잘 나타나 있다.

셋째, 채색을 배재하고 선으로 묘사한 것 역시 사경 변상도의 특징이다. 설법도에는 경직된 필선이 보이지만 설화도에서는 장면의 변화가 잘 묘사되어 능란한 선묘(線妙)를 볼 수 있다.

넷째, 화면의 모든 공간에 여백을 남기지 않고 문양으로 장식하였다. 고려시대에는 주로 산화로 표현하고 4세기 말부터 점 문양이 나타나는데 여기서도 그 특징을 볼 수 있다.

다섯째, 표지 그림에는 보상화(寶相華) 3, 4송이를 세로로 나란히 배치하고 그 둘레를 당초문이 감싸고 있다. 직선적인 꽃잎과 형식화된 자방부의 표현에서 도식화된 모습이 엿보인다.

여섯째, 상하로 굵은 변을 긋고 1행에 17자씩 은자로 경문을 쓴 전형적인 고려시대의 형식을 따르고 있다. 글씨체는 14세기 말경의 「법주사자정국사비전원발서(法住寺慈淨國師碑全元發書)」(1342년)와 「신륵사대장각비(神勒寺大藏閣碑)」(1383년)보다 좀더 형식화되었다.

이 사경은 고려 말에 만들어진 호림박물관본(湖林博物館本, 1377년)에서 조선 전기의 내소사본(來蘇寺本, 1415년)으로 이어지는 과도적인 특징을 보여 주고 있다.

감지은니묘법연화경 권 제6

이 사경의 크기는 세로가 34.8센티미터, 가로가 10.6센티미터이며 고려 우왕 14년(1388)에 조성되었다. 겉표지 그림에는 보상당초문을 그렸고 안표지 그림의 변상도는 생략되었다. 경 말미에 있는 '홍무21년무진 4월일사성(洪武二十一年武辰四月日寫成) 시주봉익대부전공판서치사노유린(施主奉翊大夫典工判書致仕盧有麟)'이라는 기록으로 보아 홍무 21년인 1388년에 노유린이라는 귀족층이 시주하여 발원한 경전이다.

표지 그림에서는 보상화문과 당초문을 사실적으로 표현하였으나 다소 경직화되었다. 경문은 1행에 17자씩 썼으며 글씨는 옆으로 퍼져 딱딱하고 경직화되는 과정을 보여 준다.

고려시대의 사경은 주로 13세기 말에서 14세기 초인 충렬왕(忠烈王)과 충숙왕(忠肅王) 때 왕실의 발원으로 금자원(金字院)과 은자원(銀字院)에서 사성되었다. 14세기 후반에 들어서면 사찰을 중심으로 귀족층의 발원이 보이기 시작하는데 이 사경에는 그 과도기적인 면이 잘 나타나 있다.

석조물

5층석탑

보물 제799호인 마곡사 5층석탑은 현재 대광보전 앞에 위치하며 재질은 청석(靑石)이고 일명 다보탑이라고도 한다.

고려시대 석탑의 특징은 두 가지를 들 수 있다. 첫째는 지방적인 특색으로 옛 신라의 땅인 경상도 지역에서는 신라적인 요소, 백제의 땅인 전라도와 충청도 지역에서는 백제의 양식을 따르고 있다. 둘째, 다양하고 새로운 특수 형식이 나타난다.

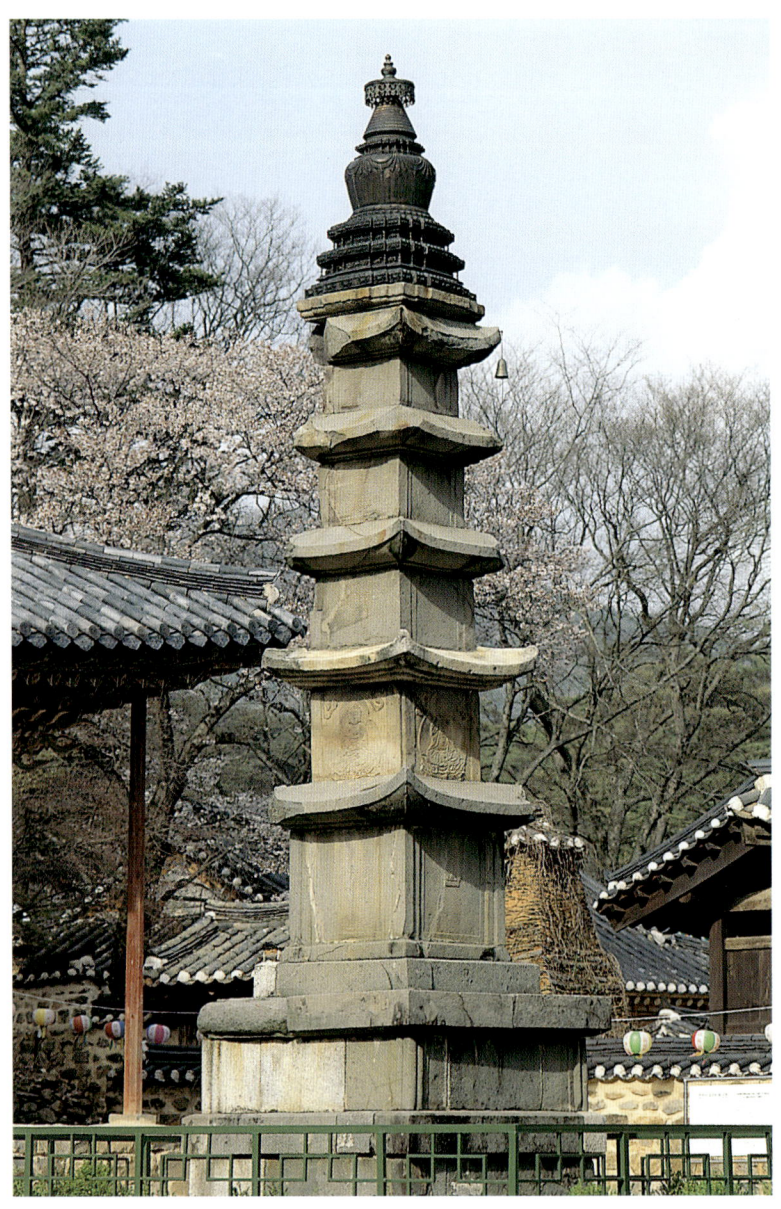

5층석탑 중층 기단에 5층의 탑신과 상륜부를 쌓은 형식으로 각 층의 체감률이 낮아 전체적으로 안정감이 없고 고준한 느낌을 준다.

5층석탑 입면도

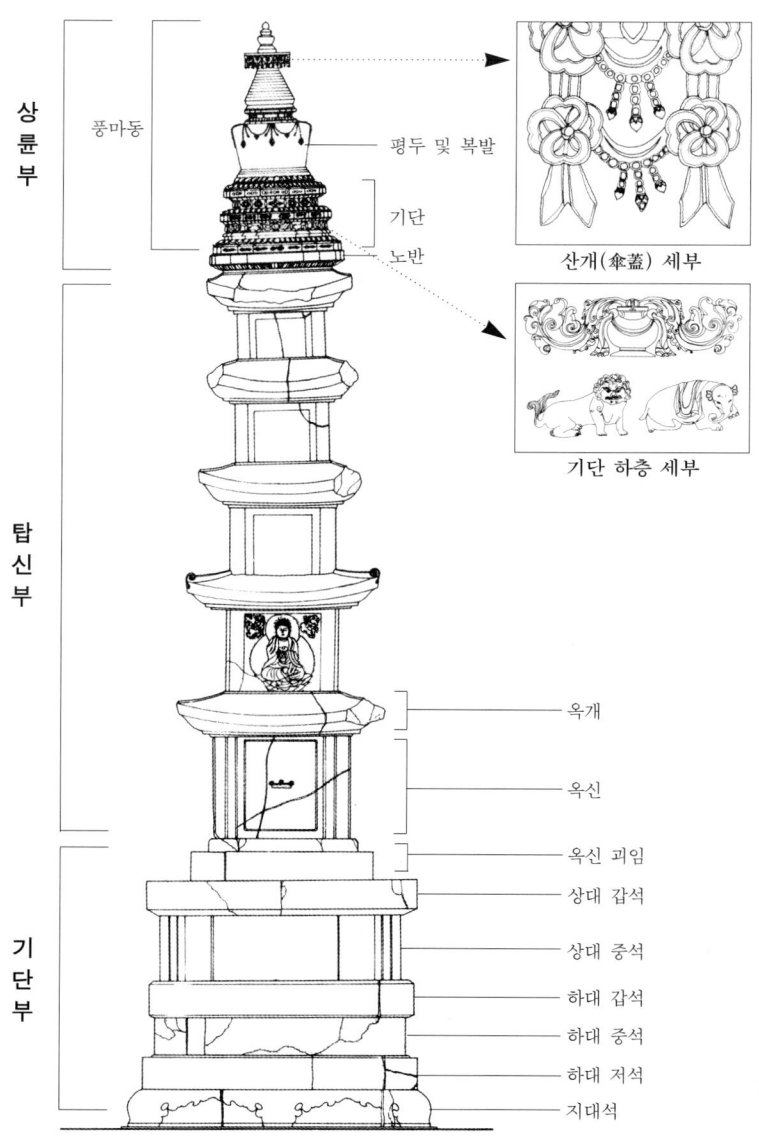

상륜부

풍마동

평두 및 복발

기단

노반

산개(傘蓋) 세부

기단 하층 세부

탑신부

옥개

옥신

옥신 괴임

상대 갑석

상대 중석

기단부

하대 갑석

하대 중석

하대 저석

지대석

그 가운데 마곡사의 5층석탑은 특수한 형식과 원나라의 라마교 양식이 혼합된 절충 형식이다. 중층 기단에 5층의 탑신과 상륜부를 쌓은 형식으로 각 층의 체감률이 낮아 전체적으로 세장하며 안정감이 없고 고준한 느낌을 준다. 탑의 전체 높이는 8.67미터이다.

중층으로 되어 있는 방형의 기단부는 상하 기단의 너비가 거의 동일하며 너비에 비해 훨씬 높은 편이다. 하대 저석과 중석, 갑석을 높게 쌓아 마치 단층 기단처럼 보인다. 지대석은 2단으로 상단에는 안상(眼象)과 테두리 장식이 있고 장판석으로 되어 있는 상하대 갑석에는 장식이 생략되었다. 하대 중석에는 버팀 기둥[撑柱]과 모서리 기둥[隅柱]이 없으나 상대 중석에는 버팀 기둥과 모서리 기둥을 형식적으로 모각하였다. 상대 갑석 위에는 1층의 옥신을 받치기 위한 2단의 괴임돌이 있는데 하단은 별석으로 매우 크고 둔중하다.

각 층의 옥신과 옥개석은 각각 별석이며 1층 옥신의 남면에는 자물쇠(문비) 모양을 조각하였고 모서리 기둥을 2개의 돌출선으로 조각하였다. 2층 옥신 4면에는 사방불을 양각하였다. 3층에서 5층까지의 옥신에는 모서리 기둥 외에 보조 기둥[副柱]이 첨가된 특이한 형태이다. 각 층의 옥신 받침은 2단으로 매우 섬약하며 옥개석 전각에서 네 모서리의 반전과 추녀마루의 곡률(曲率)이 심하다. 5층 옥개석에는 풍경이 2개 달려 있다.

상륜부에는 상륜 대신에 청동제인 풍마동(風磨銅)으로 만들었는데 라마식 보탑과 유사하여 원의 영향을 받은 것으로 보인다. 2층의 옥개석과 옥신, 풍마동을 받치고 있는 노반석(露盤石)의 재질은 화강석이며 청석의 부재들과 다른 것으로 보아 나중에 만들어진 것으로 보인다. 대광보전에 불이 났을 때 손상을 입어 일부 균열이 남아 있지만 고려 말기의 이형(異形) 형식을 대표하는 중요한 탑이다. 이 탑의 내용물은 임진왜란 때 분실되었다.

부도

해탈문에서 천왕문 사이에는 규모가 작은 5기의 부도가 일렬로 배치되어 있다. 대부분 조선시대 말기에 조성된 것으로 보인다.

해탈문에서 첫번째 부도의 높이는 142.7센티미터이며 앙련의 팔각 대석 위에 방형의 하대 중석과 앙련의 원형 상대석을 얹었다. 중대석은 항아리형과 고복형(鼓腹形)으로 되어 있는데 고복형은 원래의 것이 아닌 듯하다. 옥개석과 보주(寶珠)로 구성된 상륜부의 소략한 수법으로 보아 조선 말기에 만들어진 것으로 보인다.

두 번째 부도의 크기는 높이가 111.6센티미터이며 낮은 팔각의 하대석 위에 항아리형의 몸체를 얹었다. 여기에는 '비구니두행지탑(比丘尼

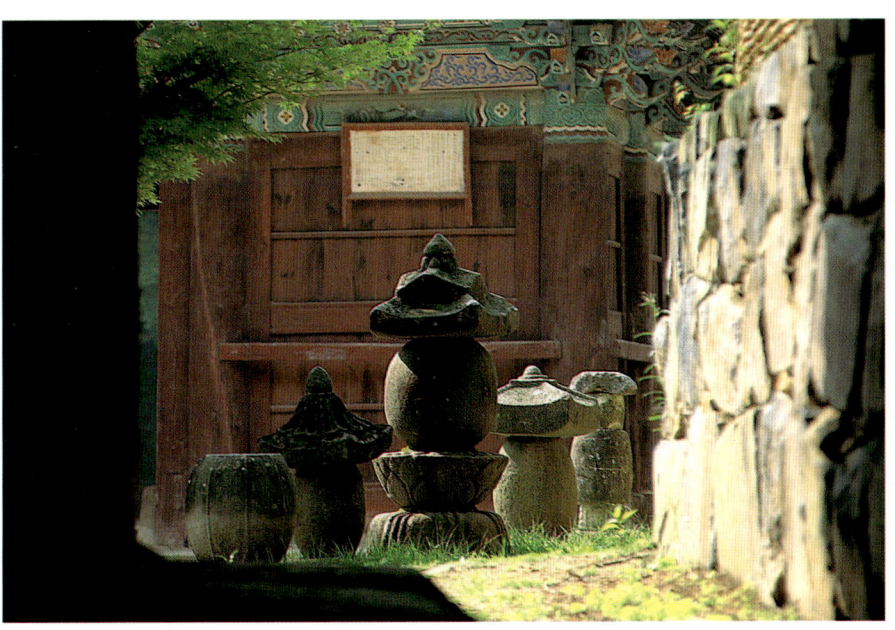

부도 해탈문에서 천왕문 사이에는 규모가 작은 5기의 부도가 일렬로 배치되어 있다. 맨 오른쪽의 것이 해탈문 쪽에서 본 첫번째 부도이다.

斗行之塔)'이라고 새겨져 있다. 상륜부는 옥개석과 보주가 한 돌이며 복련을 길게 늘어뜨렸는데 조선 말기의 수법으로 보인다.

세 번째 부도의 높이는 191.2센티미터이며 하대석은 앙련석과 복련석을 붙이고 그 위에 항아리형의 몸체를 얹은 특이한 모양이다. 몸체에는 '홍파당일선지탑(紅葩堂日禪之塔)'이라고 새겨져 있다. 상륜부의 4면은 합각으로 되어 있고 꼭대기에 연봉형의 보주를 얹어 특이한 형태를 취하고 있는데 일제 강점기에 만들어진 것으로 보인다.

네 번째 부도의 하대석은 없어졌고 낮은 지대석 위에 항아리형의 몸체를 얹었으며 4면에 옥개석을 얹었다. 비교적 간략한 모양으로 20세기 초의 수법이다.

다섯 번째는 낮은 지대석 위에 항아리형의 몸체만 남아 있으며 52센티미터의 작은 규모이다. 몸체의 표면에는 8줄기의 돌기선을 양각하였고 조선 말기나 일제 강점기에 만들어진 것으로 보인다.

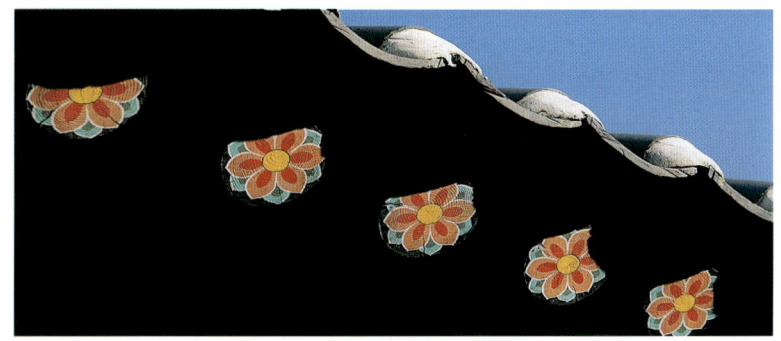

사찰 소장 지정문화재

● 보물

제269호　감지은니묘법연화경
　　　　권1(국립중앙박물관 보관)
제270호　감지은니묘법연화경
　　　　권6(국립중앙박물관 보관)
제799호　마곡사 5층석탑
제800호　마곡사 영산전
제801호　마곡사 대웅보전
제802호　마곡사 대광보전
제1260호 마곡사 석가모니불괘불탱

● 충청남도 문화재자료

제62호　마곡사 천왕문

제63호　마곡사 국사당
제64호　마곡사 명부전
제65호　마곡사 응진전
제66호　마곡사 해탈문

● 충청남도 유형문화재

제20호　마곡사 동제은입사향로
　　　　(동국대학교 박물관 보관)
제62호　마곡사 동종
제135호　마곡사 심검당과 창고

마곡사에 가려면 무녕왕릉과 공산성 등 많은 유적지가 있는 공주를 거쳐 가는 것이 좋다. 버스나 기차 등의 대중 교통을 이용하여 공주까지 가면 된다. 공주 시내버스터미널(041-854-3163)에서 마곡사까지는 30분마다 버스가 다니는데 6시에 첫차가 출발한다. 서울에서 공주까지는 대략 2시간 30분 걸리고 공주에서 마곡사까지는 30~40분 정도 걸린다.

승용차를 이용할 경우 부여 쪽에서는 40번 국도를, 논산 쪽에서는 23번 국도를, 청양 쪽에서는 36번 국도를, 예산 쪽에서는 32번 국도를 타고 공주까지 간다. 공주에서 공주대교를 지나 32번 국도를 따라 유구읍 방면으로 15.7킬로미터 정도 가면 사곡 면소재지인 호계리에 이른다. 호계에서 마곡사 방면 지방도로를 따라 8킬로미터 정도 가면 절에 도착할 수 있다.

공주를 거치지 않고 서울에서 마곡사로 직접 갈 때에는 천안에서 23번 국도를 타고 차령고개를 넘어 광정에서 추계 방면으로 가다가 604번 지방도로로 접어들면 된다. 절 입구에는 주차장과 음식점, 민박 등이 있고, 입장료와 주차료를 받는다.

주소:충청남도 공주시 사곡면 운암리 567번지(우편번호 314-872)
전화:041-841-6221, 841-6220~3

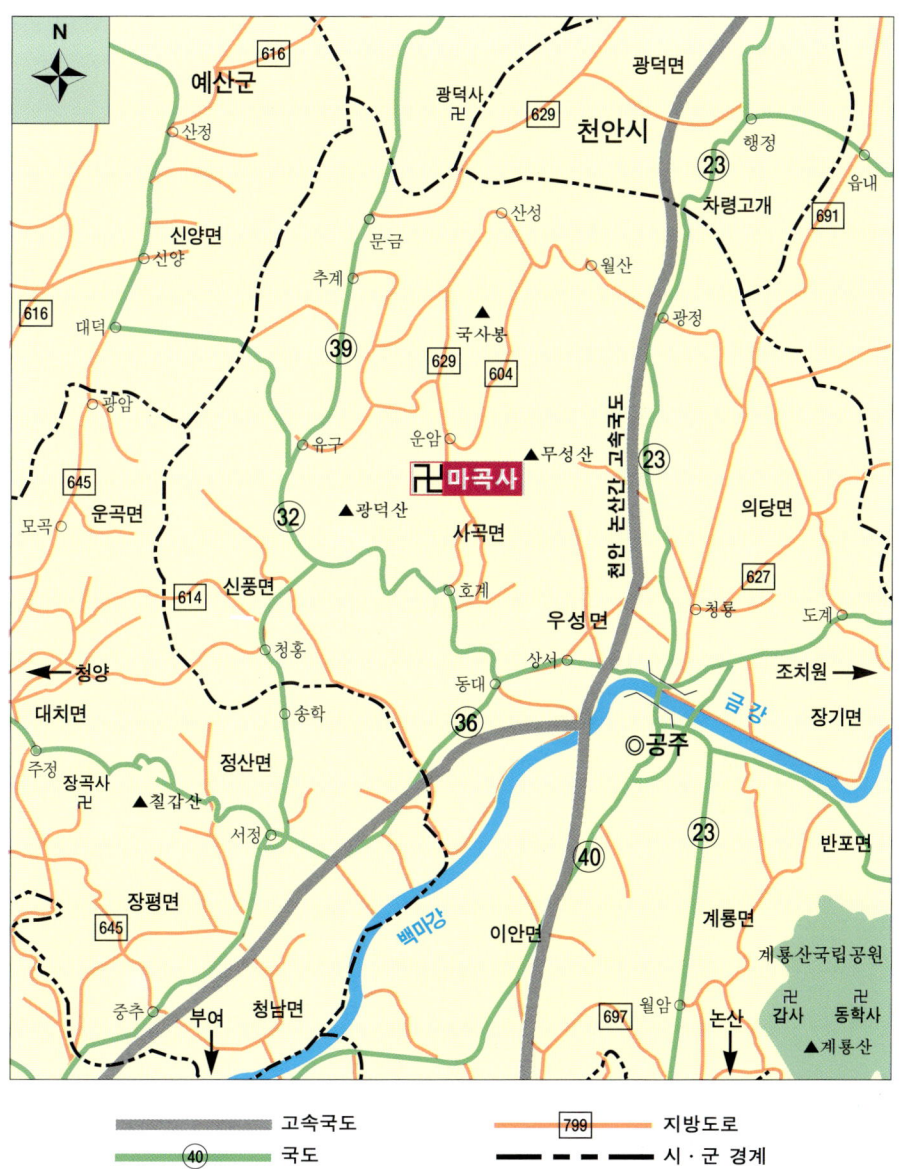

N

616 예산군

광덕사 卍
광덕면

산정

629 천안시

23 행정

읍내
691

신양면
신양

문금

산성

차령고개

추계

월산

616 대덕

39

국사봉

604

광정

광암

629

645 운곡면

유구

운암
卍 마곡사

무성산

23

의당면

모곡

32

광덕산

사곡면

627

614 신풍면

호계

청룡

도계

청홍

우성면

상서

조치원 →

청양 →

동대

금강

대치면

송학

36

◎ 공주

장기면

주정

장곡사 卍

23

정산면

반포면

칠갑산

서정

40

계룡면

계룡산국립공원

장평면

645

백마강

이안면

卍 갑사

卍 동학사

중추

부여

청남면

697

월암

논산

▲ 계룡산

▬▬▬	고속국도	799	지방도로
(40) ▬▬▬	국도	▬ ▬ ▬	시 · 군 경계

참고 문헌

『한국사찰전서(韓國寺刹全書)』

『삼국유사(三國遺事)』

『공주읍지(公州邑誌)』

『동국여지승람(東國輿地勝覽)』

『속고승전(續高僧傳)』

국립문화재연구소, 『괘불조사보고서 I』, 1991.

국립문화재연구소, 『한국의 범종』, 1996.

대한건축학회, 『건축학전서 2 - 한국건축사』, 기문당, 1996.

문화재관리국, 『마곡사 실측조사보고서』, 1989.

충청남도, 『문화유적총람(사찰편)』, 1990.

한국문화재보호협회, 『문화재대관 3 - 보물 1』, 1986.

김왕직, 『탑과 사방불』, 화인재, 1995.

김동현, 『한국목조건축의 기법』, 발언, 1996.

김봉건, 「전통중층 목조건축에 관한 연구」, 서울대학교 박사논문, 1994.

김봉렬, 『한국의 건축(전통건축편)』, 공간사, 1988.

김창균, 「한국청동은입사향완의 연구 - 고려시대 고배형을 중심으로」, 『불교미술 9』, 동국대학교박물관, 1988.

문명대·박도화, 「광덕사 묘법연화경 사경변상도의 연구」, 『불교미술연구 1』, 동국대학교 불교미술문화재연구소, 1994.

박성래 외, 『국보 - 증보편(상)』, 예경출판사, 1990.

배병선, 「한국사찰건축 구성요소의 비교연구」, 서울대학교 석사논문, 1986.

석지현, 『밀교』, 현암사, 1988.

신창식, 「마곡사에 관한 연구 - 밀교사상에 관하여」, 성균관대학교 석
사논문, 1990.

안귀숙, 「조선 후기 범종의 연구」, 『범종 6』, 한국범종연구회, 1983.

윤장섭, 「마곡사에 대하여」, 『고고미술 63 · 64』, 1965.

――――, 『한국의 건축』, 서울대학교출판부, 1996.

윤희상, 「조선후기 사찰본당의 형식특성에 관한 연구」, 홍익대학교
석사논문, 1987.

임학섭, 『사찰풍수 2』, 밀알, 1995.

정인국, 『한국건축양식론』, 일지사, 1995.

장경호, 『한국의 전통 건축』, 문예출판사, 1992.

최완수, 『명찰순례 2』, 대원사, 1994.

빛깔있는 책들 103-40

마곡사

글	—조명화, 김봉건, 이은희
사진	—박보화
발행인	—장세우
발행처	—주식회사 대원사
편집	—황병욱
총무	—김인태, 정문철, 김영원

초판 1쇄 —1998년 11월 10일 발행
초판 3쇄 —2009년 11월 10일 발행

주식회사 대원사
우편번호/140-901
서울 용산구 후암동 358-17
전화번호/(02) 757-6717~9
팩시밀리/(02) 775-8043
등록번호/제 3-191호
http://www.daewonsa.co.kr

(₩) 값 13,000원

© Daewonsa Publishing Co., Ltd.
Printed in Korea(1998)

ISBN 89-369-0221-0 04220
ISBN 89-369-0000-5(세트)

빛깔있는 책들